lonely planet

LOS ANGELES

EN QUELQUES JOURS

Andrew Bender, Cristian Bonetto

Dans ce guide

L'essentiel

Pour aller droit au but et découvrir la ville en un clin d'œil.

Les basiques
À savoir avant de partir

Les quartiers
Se repérer

Explorer Los Angeles

Sites et adresses quartier par quartier.

Les incontournables
Pour tirer le meilleur parti de votre visite

100% Los Angeles
Vivre comme un habitant

Los Angeles selon ses envies

Les meilleures choses à voir, à faire, à tester...

Les plus belles balades
Découvrir la ville à pied

Envie de...
Le meilleur de Los Angeles

Carnet pratique

Trucs et astuces pour réussir votre séjour.

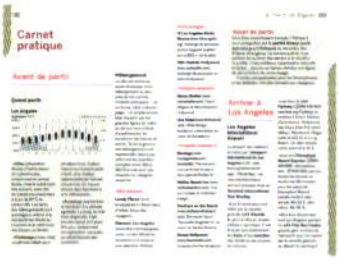

Hébergement
Une sélection d'hôtels

Transports et infos pratiques

Notre sélection de lieux et d'adresses

Voir

Se restaurer

Prendre un verre

Sortir

Shopping

Légende des symboles

- Numéro de téléphone
- Heures d'ouverture
- Parking
- Non-fumeurs
- Accès Internet
- Wi-Fi
- Végétarien
- Familles bienvenues
- Animaux acceptés
- Bus
- Ferry
- Métro
- Tramway
- Train

Retrouvez facilement chaque adresse sur les plans de quartiers

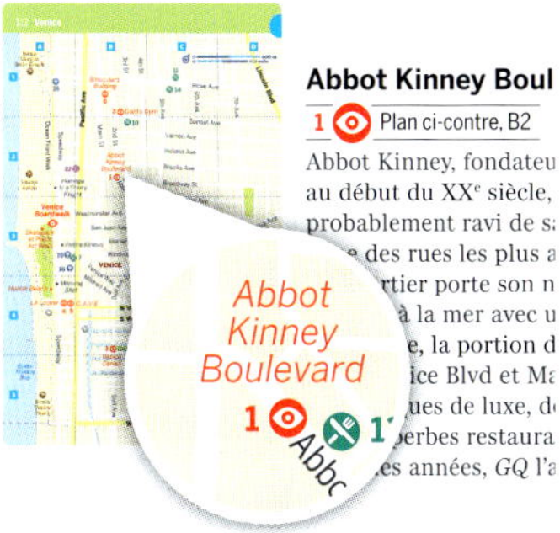

Los Angeles En quelques jours

Les guides En quelques jours édités par Lonely Planet sont conçus pour vous amener au cœur d'une ville.

Vous y trouverez tous les sites à ne pas manquer, ainsi que des conseils pour profiter de chacune de vos visites. Nous avons divisé la ville en quartiers, accompagnés de plans clairs pour un repérage facile. Nos auteurs expérimentés ont déniché les meilleures adresses dans chaque ville : restaurants, boutiques, bars et clubs... Et pour aller plus loin, découvrez les endroits les plus insolites et authentiques de la métropole américaine dans les pages “100% Los Angeles”.

Ce guide contient également tous les conseils pratiques pour éviter les casse-tête : itinéraires pour visites courtes, moyens de transport, montant des pourboires, etc.

Grâce à toutes ces infos, soyez sûr de passer un séjour mémorable.

Notre engagement

Les auteurs Lonely Planet visitent en personne, pour chaque édition, les lieux dont ils s'appliquent à faire un compte-rendu précis. Ils ne bénéficient en aucun cas de rétribution ou de réduction de prix en échange de leurs commentaires.

L'essentiel 7

Explorer Los Angeles 21

Vaut le détour

Los Angeles selon ses envies 161

Les plus belles balades

Envie de...

Carnet pratique 181

HOLLYWOOD
HOLLYWOOD
THREE ATTRACTIONS
ONE TICKET PRICE
Donald's

L'essentiel

Bienvenue à Los Angeles !

Ici, on ne plaisante pas avec les rêves. Berceau d'Hollywood et véritable mythe moderne, la Cité des Anges encourage toutes les fantaisies dans un stimulant tourbillon de créativité. Espaces artistiques d'avant-garde, théâtres engagés et salles de concerts cultes nourrissent cette ville adepte de l'insolite – du gentiment décalé au purement scandaleux –, dont l'ouverture d'esprit et les paillettes attirent les rêveurs de tout l'État.

Hollywood Boulevard (p. 24)
SEAN PAVONE/SHUTTERSTOCK ©

Los Angeles Les incontournables

Hollywood Boulevard et Walk of Fame (p. 24)

Sur son célèbre trottoir s'étalent plus d'étoiles que lors d'une nuit sans lune.

SEAN PAVONE/SHUTTERSTOCK ©

Griffith Observatory (p. 42)

Une fenêtre ouverte sur la voûte céleste, au cœur d'un écrin naturel aux reliefs traversés de sentiers de randonnée.

Panneau Hollywood (p. 44)

Autrefois promis à la destruction, cette ancienne enseigne publicitaire est sans aucun doute le symbole le plus célèbre de la ville.

Getty Center (p. 72)

Une vaste et éblouissante collection d'art, sertie dans un écrin ultramoderne.

KEN WOLTER/SHUTTERSTOCK ©

The Broad (p. 130)

Un nouvel incontournable pour tout amateur d'art contemporain.

PAPER CAT/SHUTTERSTOCK ©

MARK_AND_ANNA_WILSON/SHUTTERSTOCK ©

Santa Monica Pier (p. 94)

L'un des lieux les plus emblématiques de la ville, avec son parc d'attractions et son ruban de sable à perte de vue.

Walt Disney Concert Hall (p. 124)

La résidence de l'Orchestre philharmonique de Los Angeles, à l'architecture virtuose miroitant au soleil.

CHIRAJUTI/SHUTTERSTOCK ©

LAYLAND MASUDA/GETTY IMAGES ©

ALEX MILLAUER/SHUTTERSTOCK ©

Venice Boardwalk (p. 110)

Un concentré de l'ambiance décalée et bohème qui règne dans ce quartier.

Los Angeles County Museum of Art (p. 78)

Le musée le plus important de la ville.

100% Los Angeles
Vivre comme un habitant

Conseils d'initiés pour découvrir le vrai Los Angeles

Los Angeles n'est pas une métropole traditionnelle mais un patchwork de quartiers aux personnalités différentes, méritant tous une visite, du plus incontournable au plus excentré. Des trésors cachés vous attendent.

Balade dans Echo Park (p. 54)

☑ Echo Park Lake
☑ Dodger Stadium

Le tour des galeries de Culver City (p. 90)

☑ Galeries d'art
☑ Architecture d'avant-garde

Pan du mur de Berlin sur Wilshire Boulevard, propriété du Wende Museum

Manhattan Beach (p. 120)

☑ Ambiance balnéaire ☑ Bistronomie

STEPHEN SAKS/GETTY IMAGES ©

Shopping dans le Fashion District (p. 126)

☑ Vêtements à tous les prix ☑ Soldes et destockages

LHB PHOTO/ALAMY STOCK PHOTO

Pasadena (p. 142)

☑ Activités en plein air ☑ Ambiance de petite ville

TREKANDSHOOT/SHUTTERSTOCK ©

Autres lieux pour vivre le Los Angeles des Angelenos :

- Marchés de producteurs d'Hollywood (p. 32) et de Santa Monica (p. 99)
- Clifton's Republic (p. 135)
- Amoeba Music (p. 38)
- Grand Central Market (p. 133)
- Griffith Park (p. 48)
- Last Bookstore (p. 139)
- Hollywood Bowl (p. 36)
- Los Angeles Memorial Coliseum (p. 141)

Los Angeles en 4 jours

1er jour

Débutez votre visite de la Cité des Anges par une balade dans sa plus célèbre artère : **Hollywood Boulevard** (p. 24). Vous y verrez les étoiles du **Walk of Fame** et pourrez comparer vos mains à celles de grands noms du grand écran devant le **Grauman's Chinese Theatre** (p. 25), connu pour ses empreintes de stars. Continuez votre plongée dans le monde du cinéma au **Hollywood Museum** (p. 25), mémoire kitsch du 7e art, puis déjeunez au **Musso & Frank Grill** (p. 34), où Charlie Chaplin, notamment, avait ses habitudes.

Pour digérer, flânez le long de **Melrose Ave** (p. 70), où s'alignent les boutiques tendance, enseignes de grandes marques et échoppes de designers, puis partez découvrir les superbes collections du **Los Angeles County Museum of Art** (p. 78).

Après avoir dîné au **Pump** (p. 62), prenez la direction du bar du **Château Marmont** (p. 66) pour y déguster un excellent martini – ou celle de **The Abbey** (p. 65), l'un des lieux gays emblématiques des nuits angelenos. Ou peut-être aurez-vous envie d'aller applaudir l'un des humoristes qui se produisent au **Laugh Factory** (p. 67) ?

2e jour

Consacrez votre deuxième jour à la découverte de Downtown, en pleine mutation. Retrouvez les racines de la ville dans le petit quartier d'**El Pueblo de Los Angeles** (p. 132) puis faites un saut dans le temps face à l'architecture ultramoderne du **Broad** (p. 130), dernier né des musées angelenos.

Après un déjeuner au **Grand Central Market** (p. 133), descendez Broadway, une rue parsemée de beaux édifices anciens, jusqu'au **Grammy Museum** (p. 130). Vous pouvez également consacrer l'après-midi à la découverte de l'Arts District, où se concentrent créateurs et galeries, telle celle d'**Hauser & Wirth** (p. 131), immense et toujours à la pointe.

Dînez à l'**Otium** (p. 125) puis assistez à un match au **Staples Center** (p. 137) – si les Lakers ou les Clippers jouent ce soir-là. Vous êtes plus musique que basket ? Allez voir l'orchestre philarmonique de LA jouer à domicile au **Walt Disney Concert Hall** (p. 124), ou un groupe de jazz enflammer le **Blue Whale** (p. 138). Pour déguster de fameux cocktails, direction le **Clifton's Republic** (p. 135).

Votre temps est précieux !
Nous avons concocté pour vous des itinéraires qui vous permettront d'optimiser le peu de temps dont vous disposez.

3e jour

Plusieurs options s'offrent à vous si vous souhaitez passer derrière l'écran et découvrir les coulisses du tournage d'un film : la **Warner Bros** (p. 150) propose un intéressant circuit de ses studios – vous y verrez notamment des accessoires et la reconstitution de certains plateaux de quelques films célèbres. Si vous préférez une approche plus "parc d'attractions", agrémentée de manèges et de spectacles interactifs, optez pour **Universal Studios Hollywood** (p. 146), non loin.

Pour dépenser les calories du déjeuner au **Bob's Big Boy** (p. 150), arpentez les sentiers du **Griffith Park** (p. 48), superbe terrain de jeu grand comme 5 fois Central Park. Gagnez le **Griffith Observatory** (p. 42) à temps pour voir le soleil se coucher sur la ville.

De retour en ville, ménagez-vous une soirée loin des lieux touristiques en poussant les portes du **Dresden** (p. 51), où le duo jazzy Marty et Elayne régalent les habitués depuis plus de 30 ans – du mardi au samedi. Le mercredi, l'acteur et pianiste Jeff Goldblum et son orchestre de jazz font vibrer les murs – et les clients – du **Rockwell** (p. 52).

4e jour

Consacrez la matinée à la découverte de l'architecture (due à Richard Meier) et des collections du **Getty Center** (p. 72), dont les jardins ménagent de belles vues sur la ville et les montagnes environnantes. Vous êtes plus strass et paillettes ? Rejoignez le secteur de **Rodeo Drive** (p. 60), temple du shopping de luxe où l'on croise parfois quelques célébrités – et plus fréquemment des anonymes au portefeuille bien rempli. Au déjeuner, **Nate 'n Al** (p. 63) s'impose pour sa maîtrise du pastrami.

Changez radicalement de décor en mettant le cap sur **Venice** (p. 108), paisible enclave bohème en bord d'océan, parcourue de canaux. Promenez-vous sur son **front de mer** (p. 110) puis flânez dans **Abbot Kinney Blvd** (p. 113). Vous y trouverez **Salt & Straw** (p. 114), l'un des meilleurs artisans glaciers de la ville, ainsi que des friperies et des boutiques sympathiques.

Comme la Route 66, terminez votre séjour à **Santa Monica** (p. 92), face à l'océan. Admirez un dernier coucher du soleil californien depuis la **jetée** (p. 94) avant d'aller dîner au **Cassia** (p. 102), puis de prendre un verre au bar **Onyx** (p. 103), perché sur un toit.

Les basiques

Reportez-vous au *Carnet pratique* (p. 181) pour plus d'informations

Monnaie
Dollar US ($)

Visa
Les ressortissants de 38 pays peuvent arriver aux États-Unis sans visa grâce au Programme d'exemption de visa pour les États-Unis (voir p. 188). Les autres doivent s'assurer d'obtenir un visa touristique avant leur départ.

Argent
Vous trouverez des DAB sans difficulté. Tous les hôtels et la plupart des restaurants acceptent les cartes bancaires.

Téléphones portables
Les téléphones portables internationaux fonctionnent en itinérance. Certains téléphones GSM débloqués fonctionnent avec des cartes SIM américaines.

Heure locale
Heure d'hiver du Pacifique (PST ; UTC/GMT-8) de novembre à mi-mars ; heure d'été du Pacifique (PDT ; UTC/GMT-7) de mi-mars à octobre.

Prises et adaptateurs
Le réseau électrique angeleno est en 120V/60 Hz comme au Canada ; les Européens auront besoin d'un adaptateur.

Pourboires
Les pourboires sont obligatoires au restaurant. En général, le montant est de 15 à 20%. N'oubliez pas les barmen (1 $ par verre).

1 Avant de partir

Budget quotidien

Moins de 150 $
- Lits en dortoir : 35-50 $
- Plats à emporter : 6-15 $
- Manifestations et concerts gratuits

De 150 $ à 300 $
- Chambre double standard : 200 $
- Dîner 2 plats et un verre de vin : 40 $
- Soirée avec musique live : 50 $

Plus de 300 $
- Hôtels 3-étoiles : à partir de 300 $
- Dîner dans un lieu prisé : à partir de 75 $ hors boissons

Sites Internet

Lonely Planet (www.lonelyplanet.fr). Renseignements et forum de voyageurs.

Discover Los Angeles (www.discoverlosangeles.com). Site officiel du tourisme de la ville.

LA Weekly (www.laweekly.com). Actualités et culture. Un journal indépendant et fiable.

À prévoir

Trois mois avant Réservez hôtel et voiture de location.

Un mois avant Achetez vos places pour les spectacles et les grandes manifestations sportives et prenez vos billets pour assister aux enregistrements de sitcoms.

Deux semaines avant Réservez votre table si le restaurant est réputé et prenez vos entrées pour The Broad et la Frederick R Weisman Art Foundation. Prévoyez un circuit avec LA Conservancy.

2 Arriver à Los Angeles

Patchwork de quartiers autonomes, Los Angeles est très étendue. Les modalités de transport sont donc différentes d'un secteur à l'autre.

Depuis l'aéroport international de Los Angeles (LAX)

Destination	Meilleurs moyens de transport
Hollywood, Silver Lake	▶ Métro Green Line puis Blue Line et Red Line jusqu'à Hollywood/ Highland (1 heure 10) ▶ Bus LAX FlyAway pour Hollywood (1 heure)
Downtown	▶ Métro Green Line puis Blue Line jusqu'à 7th St/ Metro Center (1 heure) ▶ Bus LAX FlyAway pour Union Station (35 minutes)
West Hollywood, Mid-City	▶ Taxi ou service de VTC ▶ Bus LAX FlyAway pour Westwood puis bus Metro 20 jusqu'à Santa Monica/ Wildshire et bus Metro 4 jusqu'à Santa Monica/ San Vicente (1 heure 20)
Santa Monica	▶ Big Blue Bus 3 jusqu'à Downtown Santa Monica Station (30 minutes)
Venice	▶ Big Blue Bus 3 jusqu'à Venice/Lincoln puis bus Metro 33 jusqu'à Main/ Sunset (30 minutes)
Culver City	▶ Culver City Bus 6 jusqu'à Venice/Sepulveda puis bus Metro 33 (35 minutes)
Universal City	▶ Bus LAX FlyAway pour Hollywood puis métro Red Line jusqu'à Universal City/Studio City (1 heure)

3 Comment circuler

Si la voiture est toujours reine à LA – conduire en ville est infernal –, de plus en plus d'Angelenos utilisent le réseau de transports en commun qui quadrille la métropole. Installez l'appli gratuite **Go Metro** sur votre smartphone avant de partir. Vous pourrez ainsi télécharger des cartes consultables hors ligne et planifier vos trajets.

Métro et Metrolink

Le réseau de métro, géré par la société **Metro** (Los Angeles County Metropolitan Transportation Authority, anciennement MTA ; ☎323-466-3876 ; www.metro.net, avec calculateur d'itinéraires) est en continuelle expansion et relie Downtown à Hollywood, Pasadena, Long Beach, LAX, Culver City et Santa Monica. Il assure aussi des correspondances avec les trains de banlieue de la compagnie **Metrolink** (www.metrolinktrains.com) vers Burbank et Orange County.

Bus

La société **Metro** (voir ci-dessus ; à partir de 1,75 $) et la compagnie **Big Blue Bus** (☎310-451-5444 ; www.bigbluebus.com ; à partir de 1 $) de Santa Monica assurent les meilleurs services de bus.

Taxi

Les taxis étant plutôt chers, mieux vaut les prendre pour de courts trajets. Les services de VTC **Uber** (www.uber.com) et **Lyft** (www.lyft.com) sont très utilisés.

Vélos en libre service

Plusieurs quartiers de LA proposent une offre de vélos en libre service, comme **Metro Bike Share** (bikeshare.metro.net ; 3,50 $ pour 30 minutes, 20 $ le pass mensuel – les trajets de 30 minutes ou moins sont alors gratuits) dans Downtown et **Breeze Bike Share** (www.santamonicabikeshare.com ; 7 $ l'heure, 25 $ le pass mensuel incluant 90 minutes d'utilisation par jour) à Santa Monica.

Los Angeles
Les quartiers

Burbank et Universal City (p. 144)
Un parc à thème, des restaurants de sushis et la plupart des grands studios de Los Angeles. C'est aussi le berceau du drive-in et du film X.

Les incontournables
Universal Studios

West Hollywood et Beverly Hills (p. 56)
Paradis du dollar et fief de la communauté gay. Découvrez ses boutiques de luxe, ses restaurants à se damner et sa vie nocturne incomparable.

Santa Monica (p. 92)
Mêlez-vous aux surfeurs, aux skateurs, aux yogis, aux voyants et aux artistes de rue qui peuplent cette superbe portion de côte.

Les incontournables
Santa Monica Pier et Santa Monica Beach

Venice (p. 108)
Des effluves d'encens émanent de ce charmant quartier bobo parcouru de canaux, refuge historique des artistes

Les incontournables
Venice Boardwalk

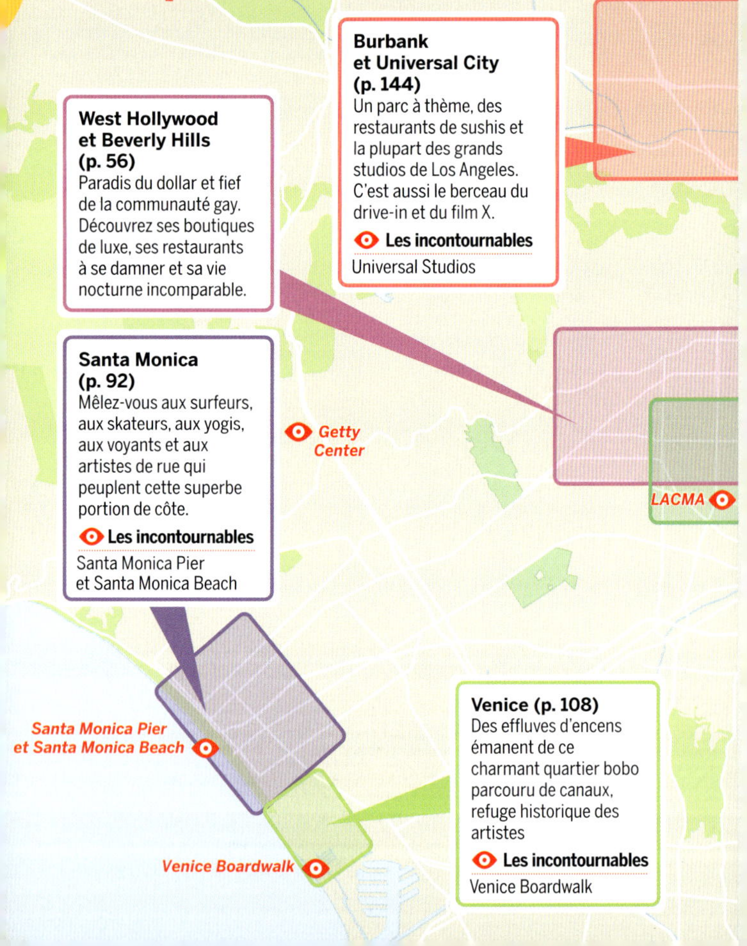

Vaut le détour

100% Los Angeles

- Echo Park (p. 54)
- Culver City (p. 90)
- Manhattan Beach (p. 120)
- Pasadena (p. 142)

Griffith Park, Silver Lake et Los Feliz (p. 40)

Couronné par l'observatoire, cet immense terrain de jeu pour amateurs de plein air domine l'un des quartiers les plus aisés de la ville.

Les incontournables

- Griffith Observatory
- Panneau Hollywood

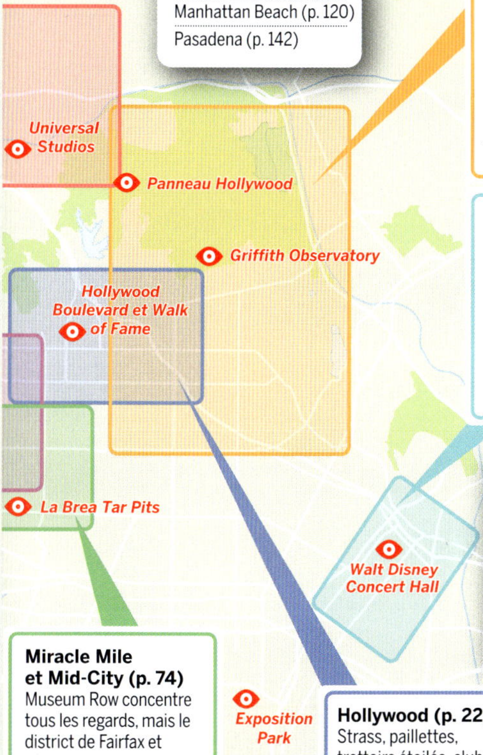

Downtown (p. 122)

Le centre historique et financier de Los Angeles est un fascinant quartier aux multiples facettes, en plein renouveau.

Les incontournables

- Walt Disney Concert Hall

Vaut le détour

Les incontournables

- Disneyland et Disney California Adventure (p. 154)
- Malibu (p. 106)
- Getty Center (p. 72)
- Exposition Park (p. 140)

Miracle Mile et Mid-City (p. 74)

Museum Row concentre tous les regards, mais le district de Fairfax et l'Original Farmers Market méritent aussi le détour.

Les incontournables

- La Brea Tar Pits
  Pits
- LACMA

Hollywood (p. 22)

Strass, paillettes, trottoirs étoilés, clubs tape-à-l'œil et chasse aux célébrités : *welcome to Hollywood !*

Les incontournables

- Hollywood Boulevard et Walk of Fame

Explorer Los Angeles

Vaut le détour

Los Angeles vu de l'observatoire du Griffith Park (p. 42)
ASIM BHARWANI/GETTY IMAGES/MOMENT RF ©

Explorer

Hollywood

Pour beaucoup, Los Angeles rime avec Hollywood. Emblématique de la ville, le quartier concentre en effet certains de ses sites les plus célèbres, comme le Walk of Fame, la Capitol Records Tower et le Grauman's Chinese Theatre… mais presque aucun des studios de cinéma auxquels il doit sa renommée. Au-delà de son illustre boulevard, bondé et rempli de magasins de souvenirs, Hollywood offre un visage plus nuancé.

L'essentiel en un jour

Démarrez la journée par un petit-déjeuner chic et gastronomique à l'**Oaks Gourmet** (p. 32) avant de visiter les studios **Paramount Pictures** (p. 28) pour découvrir les coulisses d'un tournage.

La plupart des sites d'intérêt sont situés à quelques pas de l'intersection entre Hollywood Blvd et Highland Ave (desservie par la Red Line) : le **Grauman's Chinese Theatre** (p. 25), le **Dolby Theatre** (p. 25) où se déroulent les Academy Awards, l'**Egyptian Theatre** (p. 29), l'**Hollywood Museum** (p. 25), le légendaire **Musso & Frank Grill** (p. 34), qui sert stars et anonymes depuis 1919... Les étoiles du **Walk of Fame** (p. 24) s'étalent sur les trottoirs d'Hollywood Blvd et de Vine St, tout autour du croisement de ces deux axes. Au nord du carrefour, ne manquez pas d'aller jeter un coup d'œil au **Capitol Records Building** (p. 28).

En été, prévoyez d'assister à un concert de musique classique à l'**Hollywood Bowl** (p. 36), en plein air – à accompagner idéalement d'un pique-nique. Pour un verre dans une ambiance un peu plus punk, cap sur **Harvard & Stone** (p. 36), ou le *rooftop* du **Mama Shelter's** (p. 34) pour un cocktail avec vue. Et, pour finir la journée sur un éclat de rire, rendez-vous à l'**Upright Citizens Brigade** (p. 36).

Les incontournables

Hollywood Boulevard et Walk of Fame (p. 24)

Le meilleur du quartier

Se restaurer

Musso & Frank Grill (p. 34)

Petit Trois (p. 33)

Prendre un verre

Harvard & Stone (p. 36)

Sortir

Hollywood Bowl (p. 36)

Fonda Theatre (p. 38)

Comment y aller

Métro Trois stations de la Red Line jalonnent Hollywood Blvd. La plupart des sites sont facilement accessibles depuis les stations Hollywood/Vine et Hollywood/Highland.

Bus Les bus Metro n^os^2 et 302 parcourent Sunset Blvd, et les bus n^os^4 et 704 sillonnent Santa Monica Blvd. Tous circulent vers Silver Lake, Echo Park et Downtown, à l'est, et vers West Hollywood, Beverly Hills et au-delà, à l'ouest.

Les incontournables

Hollywood Boulevard et Walk of Fame

Hollywood Blvd est l'une des plus célèbres artères de LA, et le beau monde qui le constelle y est pour quelque chose. Sur le Walk of Fame, on vénère – et marche – sur Marilyn Monroe, Quentin Tarantino, Maurice Chevalier… Depuis 1960, plus de 2 600 artistes y ont été honorés d'une étoile en granito rose – un privilège coûtant tout de même la bagatelle de 40 000 $. La galaxie s'étend sur les trottoirs du boulevard (entre Gower St et N La Brea Ave) et ceux de Vine St, autour de l'intersection avec Hollywood Blvd.

Plan p. 26, C3

www.walkoffame.com

Hollywood Blvd

M Red Line jusqu'à Hollywood/Highland

Hollywood Wax Museum (p. 30), Hollywood Boulevard

TCL Chinese Theater

Envie de marcher dans les pas de George Clooney ? Retrouvez ses empreintes dans la cour de l'ancien **Grauman's Chinese Theatre** (☎323-461-3331 ; www.tclchinesetheatres.com ; 6925 Hollywood Blvd ; visite guidée tarif plein/senior/enfant 16/13,50/8 $; 👪 ; Ⓜ Red Line jusqu'à Hollywood/Highland), rebaptisé – et transformé pour accueillir un écran IMAX – en 2013. Dans ce cinéma aux airs de pagode, avec cloches de temple et lions chinois en pierre, on projette des films depuis la première diffusion du *Roi des rois* de Cecil B. DeMille en 1927 !

Hollywood Museum

Pour un aperçu de l'âge d'or d'Hollywood, ne manquez pas ce poussiéreux **temple dédié aux stars** (☎323-464-7776 ; www.thehollywoodmuseum.com ; 1660 N Highland Ave ; adulte/enfant 15/5 $; ⏲10h-17h mer-dim ; Ⓜ Red Line jusqu'à Hollywood/Highland), aux 4 étages chargés de costumes et d'accessoires. Le musée occupe un édifice Art déco construit en 1914, qui accueillit à partir de 1928 la société de cosmétiques de Max Factor (Maksymilian Faktorowicz). Né en Pologne en 1878, ce pionnier du maquillage moderne se fit connaître en développant des produits spécifiques pour le cinéma et devint rapidement le maquilleur des stars d'Hollywood.

Dolby Theatre

Achevée en 2001, cette **salle de spectacle** (☎323-308-6300 ; www.dolbytheatre.com ; 6801 Hollywood Blvd ; visites tarif plein/réduit 23/18 $; ⏲10h30-16h ; P ; Ⓜ Red Line jusqu'à Hollywood/Highland) a été spécifiquement conçue pour accueillir la cérémonie des Oscars du cinéma, chaque année en mars – l'institution, qui remonte à 1929, n'avait jusque-là pas de salle attitrée. La visite guidée permet de découvrir l'auditorium, un salon VIP et de voir de près la célèbre statuette.

☑ À savoir

- Le boulevard est plus photogénique la nuit, lorsque les néons s'allument et que les trottoirs s'animent.
- Tous les 2 ou 3 mois, une star inaugure en personne une nouvelle étoile sur le boulevard.
- Le réalisateur Stanley Kramer fut le 1er à avoir son étoile, en mars 1960.
- Les étoiles honorent 5 catégories de constributions artistiques, symbolisées chacune par une plaque en laiton : une caméra pour le cinéma, des masques pour le théâtre, une TV pour l'industrie télévisuelle, un disque pour la musique, un micro pour la radio.

Une petite faim ?

L'un des plus anciens bars d'Hollywood, le **Frolic Room** (☎323-462-5890 ; 6245 Hollywood Blvd ; ⏲11h-2h ; Ⓜ Red Line jusqu'à Hollywood/Vine) a toujours du succès. Frank Sinatra, Judy Garland et John Belushi étaient des habitués.

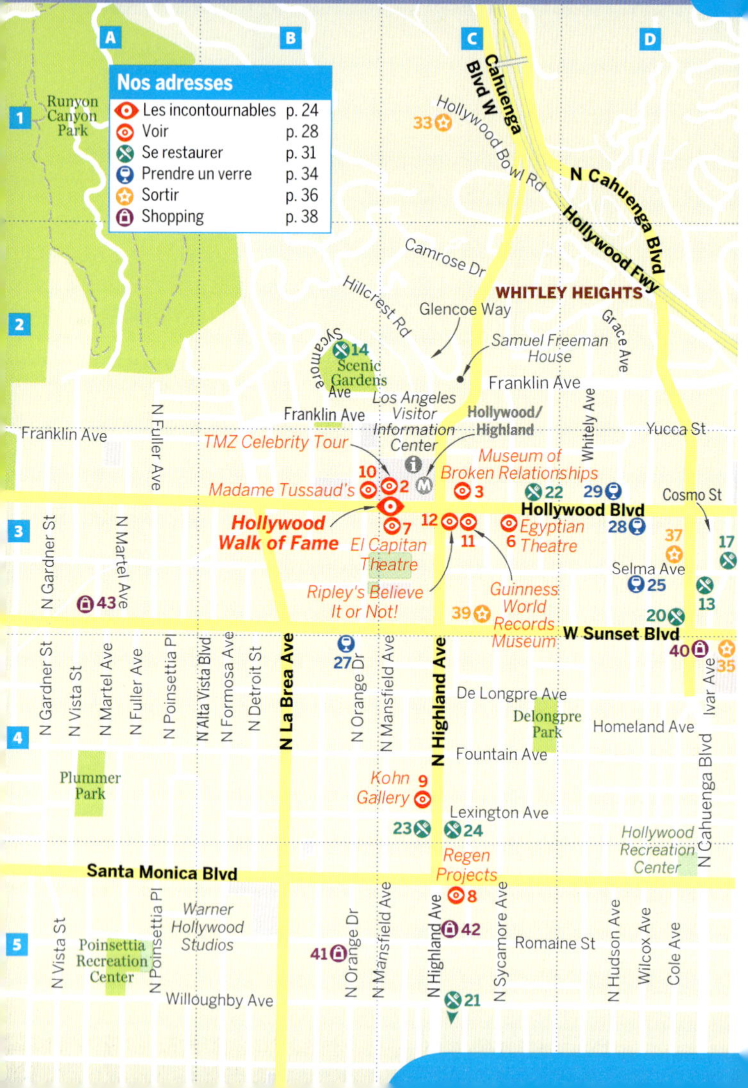

A
B
C
D
1
2
3
4
5
Nos adresses
Les incontournables p. 24
Voir p. 28
Se restaurer p. 31
Prendre un verre p. 34
Sortir p. 36
Shopping p. 38
Runyon Canyon Park
Cahuenga Blvd W
Hollywood Bowl Rd
33
N Cahuenga Blvd
Hollywood Fwy
Camrose Dr
Hillcrest Rd
WHITLEY HEIGHTS
Glencoe Way
Samuel Freeman House
Grace Ave
Sycamore Ave
14
Scenic Gardens
Franklin Ave
Los Angeles Visitor Information Center
Hollywood/Highland
Whitely Ave
Yucca St
Franklin Ave
N Fuller Ave
TMZ Celebrity Tour
Museum of Broken Relationships
10
Madame Tussaud's
2
3
22
29
Cosmo St
Hollywood Blvd
Hollywood Walk of Fame
7
12
11
Egyptian Theatre
6
28
37
17
El Capitan Theatre
Selma Ave
25
13
N Gardner St
N Martel Ave
43
Ripley's Believe It or Not!
Guinness World Records Museum
39
20
W Sunset Blvd
40
35
27
N Gardner St
N Vista St
N Martel Ave
N Fuller Ave
N Poinsettia Pl
N Alta Vista Blvd
N Formosa Ave
N Detroit St
N La Brea Ave
N Orange Dr
N Mansfield Ave
N Highland Ave
De Longpre Ave
Delongpre Park
Homeland Ave
Ivar Ave
Fountain Ave
Plummer Park
Kohn Gallery
9
Lexington Ave
23
24
Hollywood Recreation Center
N Cahuenga Blvd
Regen Projects
Santa Monica Blvd
8
Warner Hollywood Studios
42
Poinsettia Recreation Center
N Vista St
N Poinsettia Pl
41
N Orange Dr
N Mansfield Ave
N Highland Ave
N Sycamore Ave
Romaine St
N Hudson Ave
Wilcox Ave
Cole Ave
Willoughby Ave
21

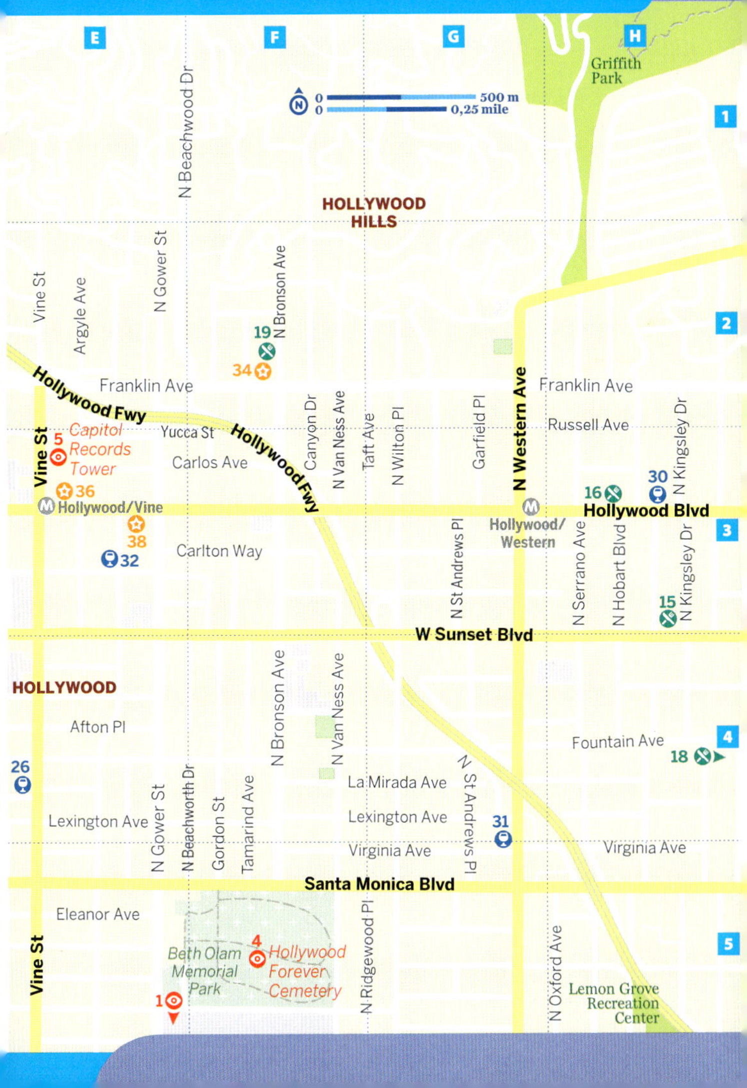

E
F
G
H
1
2
3
4
5
Griffith Park
0 500 m
0 0,25 mile
HOLLYWOOD HILLS
N Beachwood Dr
Vine St
Argyle Ave
N Gower St
N Bronson Ave
19
34
Hollywood Fwy
Franklin Ave
5 Capitol Records Tower
Yucca St
Carlos Ave
36
Hollywood/Vine
38
32
Carlton Way
Canyon Dr
N Van Ness Ave
Taft Ave
N Wilton Pl
Garfield Pl
N Western Ave
Franklin Ave
Russell Ave
N Kingsley Dr
30
16
Hollywood Blvd
Hollywood/ Western
N St Andrews Pl
N Serrano Ave
N Hobart Blvd
N Kingsley Dr
15
W Sunset Blvd
HOLLYWOOD
Afton Pl
N Bronson Ave
N Van Ness Ave
Fountain Ave
18
26
La Mirada Ave
Lexington Ave
Lexington Ave
N St Andrews Pl
31
N Gower St
N Beachworth Dr
Gordon St
Tamarind Ave
Virginia Ave
Virginia Ave
Santa Monica Blvd
Eleanor Ave
Beth Olam Memorial Park
4 Hollywood Forever Cemetery
1
N Ridgewood Pl
N Oxford Ave
Lemon Grove Recreation Center

Voir

Paramount Pictures CIRCUITS

1 Plan p. 26, E5

Deuxième plus ancienne société de production cinématographique du pays (1916), la Paramount est aussi la dernière à avoir encore ses studios à Hollywood même. La visite guidée des plateaux et des coulisses donne un aperçu fascinant de l'histoire du studio et du processus de fabrication d'un film en général. (☎323-956-1777 ; www.paramountstudiotour.com ; 5555 Melrose Ave ; visites 2 heures à partir de 58 $; ⏰9h30-17h, dernière visite 15h)

TMZ Celebrity Tour CIRCUIT EN BUS

2 Plan p. 26, C3

Si apercevoir des maisons de célébrités– voire leurs propriétaires – et recueillir les cancans vous titille, participez à cette sortie de 2 heures organisée par la chaîne TMZ, spécialiste des potins de stars. (☎844-869-8687 ; www.tmz.com/tour ; 6925 Hollywood Blvd ; adulte/enfant 51,50/41,50 $; ⏰départ du Hard Rock Cafe Hollywood 12h15, 15h et 17h30 jeu-mar, 12h15 et 15h mer ; M Red Line jusqu'à Hollywood/Highland)

Museum of Broken Relationships MUSÉE

3 Plan p. 26, C3

Dédié à l'amour défunt et à l'exploration des rapports humains, ce musée expose une centaine d'objets du quotidien – des vêtements aux implants mammaires – issus de donateurs anonymes, témoignages poignants ou teintés d'humour d'une rupture consommée. Un texte de l'ancien propriétaire accompagne et explique chacun. Vous pourrez également faire vous-même un don et raconter votre propre histoire. (☎323-892-1200 ; brokenships.la ; 6751 Hollywood Blvd ; tarif plein/réduit 18/15 $; ⏰11h-18h lun-mer, jusqu'à 19h jeu et dim, 12h-20h ven-sam ; M Red Line jusqu'à Hollywood/Highland)

Hollywood Forever Cemetery CIMETIÈRE

4 Plan p. 26, F5

Beau jardin et sépultures démesurées forment une dernière demeure parfaite pour les icônes défuntes d'Hollywood : Cecil B. DeMille, Mickey Rooney, Jayne Mansfield, les icônes du punk Johnny et Dee Dee Ramone... Rudolph Valentino repose dans le Cathedral Mausoleum (⏰10h-14h), Judy Garland dans l'Abbey of the Psalms. Un plan (5 $), disponible chez le fleuriste, recense les grands noms. (☎323-469-1181 ; www.hollywoodforever.com ; 6000 Santa Monica Blvd ; ⏰généralement 8h30-17h, fleuriste 9h-17h lun-ven, jusqu'à 16h sam-dim ; P)

Capitol Records Building ÉDIFICE

5 Plan p. 26, E3

Dessiné en 1956 par Welton Becket, le siège de Capitol Records ressemble à une pile de disques surmontée d'une tête de lecture – le phare à son sommet épelle "Hollywood" en morse. Fondée en 1942 à Los Angeles, la maison de

JAMES KIRKIKIS/SHUTTERSTOCK ©

Capitol Records Building

disques, la première à naître sur la Côte Ouest, révéla notamment Nat King Cole, Frank Sinatra ou les Beach Boys. Garth Brooks et John Lennon ont leur étoile devant l'entrée. (1750 Vine St ; entrée libre ; M Red Line jusqu'à Hollywood/Vine)

Egyptian Theatre ÉDIFICE

6 Plan p. 26, C3

Créée en 1922 par Sid Grauman – à qui l'on doit également le Chinese Theater (voir p. 25) –, cette salle gérée par l'organisation à but non lucratif American Cinematheque est un temple du cinéma de qualité. Le cadre somptueux, avec hiéroglyphes et têtes de sphinx, fut motivé par l'engouement d'alors pour l'Égypte dû aux découvertes de l'archéologue Howard Carter. La salle aurait accueilli la toute première avant-première de l'histoire du 7e art pour son inauguration, lorsqu'y fut projeté *Robin des bois*, d'Allan Dwan. (323-461-2020 ; www.egyptiantheatre.com ; 6712 Hollywood Blvd ; M Red Line jusqu'à Hollywood/Highland)

El Capitan Theatre ÉDIFICE

7 Plan p. 26, C3

Construite en 1926 pour accueillir des pièces de théâtre, cette salle extravagante mêlant les styles indien et colonial espagnol fut convertie en cinéma en 1941. *Citizen Kane* fut le premier film a y être projeté. (800-347-6396 ; elcapitantheatre.com ; 6838 Hollywood Blvd)

100% Los Angeles

Sentiers de Runyon Canyon

Joliment escarpé, le **Runyon Canyon** (plan p. 26, A1 ; 2000 N Fuller Ave ; aube-crépuscule) est prisé des habitants du quartier qui viennent y brûler leurs calories sur les sentiers. Le parc de 65 ha ménage de belles vues sur la ville, notamment au coucher du soleil.

Regen Projects — GALERIE

8 Plan p. 26, C5

Si elle a lancé la carrière de certains artistes parmi les plus novateurs du pays, dont Matthew Barney, Glenn Ligon et Catherine Opie, cette galerie expose aussi de grands noms internationaux, d'Anish Kapoor à Wolfgang Tillmans. Audacieuses et avant-gardistes, les expositions incluent photographie, peinture, vidéo et installations. (310-276-5424 ; www.regenprojects.com ; 6750 Santa Monica Blvd ; entrée libre ; 10h-18h mar-sam)

Kohn Gallery — GALERIE

9 Plan p. 26, C4

L'une des meilleures galeries de la ville pour l'art moderne et contemporain. Parmi les dernières expositions, citons une rétrospective sur l'artiste conceptuel Joe Goode et le peintre John Altoon, ainsi que la première de la version numérique restaurée du court-métrage expérimental phare de Bruce Conner, *A Movie*. (323-461-3311 ; www.kohngallery.com ; 1227 N Highland Ave ; 10h-18h mar-ven, à partir de 11h sam ; P)

Madame Tussaud's — MUSÉE

10 Plan p. 26, B3

La rencontre avec une célébrité (en cire) est plus certaine ici qu'ailleurs en ville. Économisez en réservant en ligne l'option "Late Night Saver" (adulte/enfant 19,95/14,99 $) pour une entrée après 17h. (323-798-1670 ; www.madametussauds.com ; 6933 Hollywood Blvd ; adulte/enfant 31/26 $; 10h-18h lun, jusqu'à 19h mar-ven, jusqu'à 20h sam-dim ; ; M Red Line jusqu'à Hollywood/Highland)

Guinness World Records Museum — MUSÉE

11 Plan p. 26, C3

Le plus rapide, le plus grand... tous les superlatifs sont réunis dans le Guinness Museum. Honnêtement, l'endroit est décevant. Si vous tenez à le visiter, mieux vaut opter pour le billet combiné (adulte/enfant 35,99/19,99 $), qui permet d'entrer au **Hollywood Wax Museum** (323-462-5991 ; www.hollywoodwax.com ; 6767 Hollywood Blvd ; adulte/enfant 20/10 $; 9h-minuit dim-jeu, jusqu'à 1h ven-sam ;) voisin et au Ripley's Believe It or Not!. (323-463-6433 ; www.guinnessmuseumhollywood.com ; 6764 Hollywood Blvd ; adulte/enfant 20,99/10,99 $; 9h-minuit dim-jeu, jusqu'à 1h ven-sam ; ; M Red Line jusqu'à Hollywood/Highland)

Ripley's Believe It or Not! — MUSÉE

12 Plan p. 26, C3

Kitsch, ce musée de l'étrange réunit objets loufoques – des sculptures de Marilyn Monroe en billets de 1 $ aux

Comprendre

Naissance et renaissance d'Hollywood

La romance entre Los Angeles et le cinéma remonte au début du XXe siècle, lorsque des réalisateurs, attirés par l'ensoleillement et la variété des paysages de Californie, posent leur caméra pour la première fois sur la Côte Ouest. David W. Griffith y tourne ainsi le court-métrage *In Old California* en 1910, rapidement suivi d'autres réalisateurs new-yorkais en quête de nouveaux horizons. Nestor Motion Picture Company établit ainsi un premier studio à Hollywood en 1911, suivi par Keystone en 1912 – avec lequel Charlie Chaplin fera ses débuts 2 ans plus tard. Cecil B. DeMille y tourne le premier long-métrage hollywoodien, *The Squaw Man*, en 1914. Dans les années 1920, nombre de studios ont leur siège dans ce quartier, et l'intersection d'Hollywood Blvd et de Vine St est le cœur battant de la ville durant l'âge d'or d'Hollywood. Les années 1960 et 1970 marquent la fin du rêve pour Hollywood : les studios, à l'exception notable de ceux de Paramount Pictures (p. 28), déménagent pour d'autres secteurs comme Burbank (Disney, Warner Bros), Studio City (Universal) ou Culver City (MGM, aujourd'hui Sony Pictures) par manque de place, laissant un quartier déserté.

Longtemps territoire de marginaux, Hollywood a fait l'objet d'un important projet de réappropriation à la fin des années 1990, marqué notamment par l'arrivée du métro en 1999. Restaurants tendance et boutiques de luxe côtoient aujourd'hui magasins de souvenirs et sex-shops, et les célébrités sont de retour sur le boulevard lors des avant-premières au Chinese Theater (voir p. 25).

bikinis en poils humains – et anecdotes plus ou moins véridiques. (www.ripleys.com/hollywood ; 6780 Hollywood Blvd ; adulte/enfant 22,99/11,99 $; 10h-minuit ; M Red Line jusqu'à Hollywood/Highland)

Se restaurer

Stout Burgers & Beers BURGERS $

13 Plan p. 26, D3

Cette enseigne de burgers gourmets (avec options végétariennes) sert en outre d'excellentes bières artisanales. Le bœuf est haché sur place et le poulet bio. Nous avons particulièrement aimé le Six Weeker, un burger au bœuf avec du brie, de la confiture de figue, de la roquette et des oignons caramélisés. (323-469-3801 ; www.stoutburgersandbeers.com ; 1544 N Cahuenga Blvd ; burgers 11-13 $, salades 8-12 $; 11h30-4h ; P ; M Red Line jusqu'à Hollywood/Vine)

Yamashiro Farmers Market MARCHÉ $

14 Plan p. 26, B2

Surplombant la ville, ce marché dévoile une jolie vue sur la skyline dans un cadre exotique. Il se tient

100% Los Angeles
Thai Town

Le quartier thaïlandais de la ville occupe quelques *blocks* dans l'est d'Hollywood Boulevard (à partir de N Western Ave). Vous y trouverez quelques bons restaurants comme l'accueillant **Jitlada** (15 Plan p. 26, H3 ; 323-667-9809 ; jitladala.com ; 5233 W Sunset Blvd ; plats 12-40 $; 11h-15h et 17h-22h30 mar-dim ; P), dont les délicieux crabes au curry et *som tum* (salade de papaye frite) ont les faveurs de Ryan Gosling et Natalie Portman. Les becs sucrés pousseront la porte de **Bhan Kanom Thai** (16 Plan p. 26, H3 ; 323-871-8030 ; www.bhankanomthai.com ; 5271 Hollywood Blvd ; 10h-minuit ; M Red Line jusqu'à Hollywood/Western), où ils pourront déguster de succulents desserts, des confiseries et des fruits secs.

en effet dans les jardins du Yamashiro, une vaste demeure d'inspiration japonaise construite en 1914, aujourd'hui transformée en restaurant – elle a d'ailleurs servi de lieu de tournage à plusieurs films censés se dérouler au Japon. Vous y trouverez des produits bio mais surtout de goûteux plats préparés, à savourer en écoutant l'un des concerts régulièrement programmés et en admirant la ville qui scintille en contrebas. Un bar à vins propose des dégustations. (yamashirohollywood.com/farmers-market ; 1999 N Sycamore Ave ; 17h-21h jeu mi-mai à début sept ; P)

Hollywood Farmers' Market

MARCHÉ $

17 Plan p. 26, D3

Ce vaste marché, l'un des meilleurs de la ville, propose produits bio et spécialités de plus d'une centaine de producteurs et artisans locaux. Quelques grands chefs s'y approvisionnent et l'on y trouve de quoi combler les petits creux. (hfm.la ; angle Ivar Ave et Selma Ave ; 8h-13h dim ; ; M Red Line jusqu'à Hollywood/Vine)

Square One

CAFÉ $

18 Plan p. 26, H4

Face à l'imposant campus de l'Église de scientologie, cette accueillante adresse au plafond couvert de boîtes à œufs sert des petits-déjeuners à toute heure ainsi que des sandwichs et une sélection de plats du jour. Les œufs dominent la carte : moutarde brune et chou cavalier braisé avec œufs sur le plat et gruau de maïs, tacos d'œufs brouillés et de piments jalapeños... (323-661-1109 ; www.squareonedining.com ; 4854 Fountain Ave ; plats 11-15 $; 8h30-15h)

Oaks Gourmet

ÉPICERIE FINE $

19 Plan p. 26, F2

Cette épicerie branchée à la clientèle fidèle concocte de succulents petits-déjeuners, sandwichs, pizzas et salades, que vous pourrez attendre en faisant votre choix parmi une belle sélection de vins californiens, fromages et autres gourmandises. Mention spéciale pour le sandwich BLT (avec de la tomate

ALEX MILLAUER/SHUTTERSTOCK ©

Musso & Frank Grill (p. 34)

ancienne, du brie et de l'avocat) et le *burrito* au bacon. (☎323-871-8894 ; www.theoaksgourmet.com ; 1915 N Bronson Ave ; plats 9-13 $; 7h-minuit ; P Wi-Fi)

Life Food Organic BIO ET VÉGÉTARIEN $

20 Plan p. 26, D3

Un petit restaurant sain et équilibré pour se faire plaisir tout en se faisant du bien. Sur la carte, tout est bio et végétarien - de l'*açai bowl* du petit-déjeuner au sandwich à l'avocat, en passant par le milk-shake au lait d'amande - et rien n'est cuit afin de préserver les qualités nutritives des aliments. (☎323-466-0927 ; www.lifefoodorganic.com ; 1507 N Cahuenga Ave ; plats 7-14 $; 7h30-21h ; Wi-Fi)

Petit Trois FRANÇAIS $$

21 Plan p. 26, C5

Comme le prouve ce minuscule restaurant tenu par le chef Ludovic Lefebvre, ce n'est pas la taille qui compte, mais bien ce qu'il y a dans l'assiette. Les gourmands se pressent aux 2 longs comptoirs (l'endroit étant trop petit pour des tables) pour une bonne cuisine d'inspiration française, de la légère omelette au Boursin au superbe double cheeseburger servi avec une remarquable sauce bordelaise au foie gras. CB uniquement, pas de réservation. (☎323-468-8916 ; petittrois.com ; plats 14-36 $; 12h-22h dim-jeu, jusqu'à 23h ven-sam ; P)

Musso & Frank Grill STEAK $$

22 Plan p. 26, C3

Le plus vieux restaurant d'Hollywood (il est ouvert depuis 1919) est comme il se doit chargé d'histoire et semble figé dans le temps, avec ses serveurs en livrée, ses boiseries, ses box à haut dossier et son téléphone public hors d'âge. Charlie Chaplin y avait ses habitudes – son cocktail préféré était le gimlet à la vodka –, Raymond Chandler y a écrit certains de ses scénarios et on y croise parfois des acteurs venus dîner. (323-467-7788 ; www.mussoandfrank.com ; 6667 Hollywood Blvd ; plats 15-52 $; 11h-23h mar-sam, 16h-21h dim ; P ; M Red Line jusqu'à Hollywood/Highland)

Salt's Cure AMÉRICAIN MODERNE $$

23 Plan p. 26, C4

Fier bastion locavore, ce restaurant met la Californie à l'honneur, des légumes de saison aux viandes et charcuterie maison. On y déguste des classiques revisités, tel le *capicollo* à la pâte de piment ou le magret de canard accompagnés de pancakes aériens à l'avoine et d'une compote de mûres. (323-465-7258 ; saltscure.com ; 1155 N Highland Ave ; plats 17-34 $; 11h-23h lun-jeu, jusqu'à minuit ven, 10h-minuit sam, 10h-23h dim)

La Carmencita MEXICAIN $$

24 Plan p. 26, C4

Coloré et agréable, La Carmencita sert une délicieuse cuisine maison de Basse-Californie. N'abusez pas des galettes de maïs bleu maison pour pouvoir goûter le succulent ceviche et la copieuse *cazuela* de crevettes, sorte de ragoût crémeux et poivré, surmonté de fromage grillé. Les tacos à l'agneau, et ceux, généreux, au poisson pané, sont les meilleurs. (323-701-2063 ; www.lacarmencitala.com ; 1156 N Highland Ave ; tacos 4,50-6 $, plats 8-16 $; 11h-23h lun-sam ;)

Prendre un verre

Rooftop Bar at Mama Shelter BAR

25 Plan p. 26, D3

Perché sur le toit de l'hôtel, ce bar aux tables et banquettes colorées et parsemé de plantes en pot offre une belle vue sur le panneau Hollywood et la ville : un joli cadre pour déguster un cocktail, goûter un burger à la dinde ou faire une partie de Jenga géant. (323-785-6600 ; www.mamashelter.com/en/los-angeles/restaurants/rooftop ; 6500 Selma Ave ; 11h-minuit ; M Red Line jusqu'à Hollywood/Vine)

Sassafras Saloon BAR

26 Plan p. 26, E4

On se croirait arrivé dans le vieux Sud américain lorsqu'on pousse la porte de ce saloon. Mousse espagnole pendant du plafond et reproductions de façades grandeur nature composent un cadre idéal pour les soirées à thème qui y sont organisées : jazz live les dimanche et lundi, fanfares le mardi, burlesque et blues le mercredi, karaoké le jeudi et DJ les vendredi et samedi. Ne manquez pas de goûter au Sazerac vieilli en fût. (323-467-2800 ; www.sassafrashollywood.com ; 1233 N Vine St ; 17h-2h)

Library Bar

BAR À COCKTAILS

27 Plan p. 26, B4

Situé en retrait du hall parsemé de fontaines du Roosevelt Hotel, ce bel endroit évoque un vieux pavillon de chasse avec ses boiseries, ses canapés Chesterfield et les bois accrochés au mur. Pas de carte de cocktails, dites aux barmen ce qui vous ferait plaisir et laissez la magie opérer. (323-769-8888 ; www.thehollywoodroosevelt.com/about/food-drink/library-bar ; Roosevelt Hotel, 7000 Hollywood Blvd ; 18h-1h ; ; M Red Line jusqu'à Hollywood/Highland)

Bon plan

Dress code

Hollywood abrite des bars divers et variés. La plupart sont situés dans Hollywood Blvd ou tout près. On y trouve des bars historiques et à cocktails autrefois fréquentés par des légendes d'Hollywood, des adresses prestigieuses, des bars d'hôtel branchés sur les toits et même une cave à rhum et à cigares. Certains établissements tendance imposent un *dress code* ou une réservation, pensez à vérifier.

Sayers Club

CLUB

28 Plan p. 26, D3

Quand des sommités du rock décident de se produire en petit comité, elles viennent dans l'arrière-salle de ce club d'Hollywood, une maison en brique aux box en cuir et à la lumière tamisée où la musique ne déçoit jamais. (323-871-8233 ; www.facebook.com/TheSayersClub ; 1645 Wilcox Ave ; 21h-2h mar et jeu-sam ; M Red Line jusqu'à Hollywood/Vine)

No Vacancy

BAR

29 Plan p. 26, D3

Cette ancienne demeure victorienne à bardeaux a été transformée en haut lieu des nuits angelenas, dont les boiseries sombres et les banquettes composent un cadre élégant. Des danseuses burlesques et un funambule divertissent les clients tandis que les barmen s'activent à la création des cocktails. Réservez en ligne et habillez-vous correctement : les tenues de sport, les shorts et les vêtements arborant des logos sont proscrits. (323-465-1902 ; www.novacancyla.com ; 1727 N Hudson Ave ; 20h-2h ; M Red Line jusqu'à Hollywood/Vine)

Dirty Laundry

BAR

En sous-sol de l'immeuble couleur barbe à papa voisin du **No Vacancy** (voir 29 Plan p. 26, D3), ce lieu qui sent le renfermé évoque immanquablement l'époque de la Prohibition avec son entrée discrète, ses plafonds bas et son ambiance tamisée. Les platines distillent du bon son : la programmation est disponible sur sa page Facebook. Réservez une table sinon on ne vous laissera pas entrer et goûtez au whisky, fameux. (323-462-6531 ; dirtylaundrybarla.com ; 1725 N Hudson Ave ; 22h-2h mar-sam ; M Red Line jusqu'à Hollywood/Vine)

Harvard & Stone

BAR

30 Plan p. 26, H3

Ce bar joue à fond la carte indus avec ses tables mêlant bois et métal, ses allures d'entrepôt et ses murs décrépits. Concerts (blues, rockabilly), sets de DJ et spectacles burlesques assurent l'ambiance, et, dans les verres, whisky artisanal, bourbon et cocktails maison alimentent les discussions. À évitez :les shorts, les chemises voyantes et les tenues sportswear. (323-466-6063 ; harvardandstone.com ; 5221 Hollywood Blvd ; 20h-2h ; M Red Line jusqu'à Hollywood/Western)

La Descarga

BAR LOUNGE

31 Plan p. 26, G4

Cette cave à rhum et à cigares élégamment défraîchie est une belle surprise. Derrière le bar en marbre s'alignent une centaine de rhums : haïtien, guyanais, guatémaltèque et vénézuélien. Ne cédez pas à la carte des cocktails maison et commandez plutôt un rhum vieux, à savourer avec pour seuls accompagnements le rythme du mambo et du son, et le spectacle assuré par la danseuse burlesque. Réservation obligatoire. (323-466-1324 ; www.ladescargala.com ; 1159 N Western Ave ; 20h-2h mar-sam)

Good Times At Davey Wayne's

BAR

32 Plan p. 26, E3

On entre dans un faux garage encombré d'objets vintage, on ouvre la porte du réfrigérateur qui trône au fond, et on se retrouve dans une salle tout droit sortie des années 1970, avec lambris au plafond, meubles et objets d'époque – et musique assortie. À l'arrière, un bar a été aménagé dans la caravane installée dans la cour. On y trouve même un barbecue. Bière artisanale à la pression et bons cocktails. (323-962-3804 ; www.goodtimesatdaveywaynes.com ; 1611 N El Centro Ave ; 17h-2h lun-ven, à partir de 14h sam-dim ; M Red Line jusqu'à Hollywood/Vine)

Sortir

Hollywood Bowl

SALLE DE CONCERTS

33 Plan p. 26, C1

Les étés angelenos ne seraient pas les mêmes sans les concerts au Bowl, un immense amphithéâtre de plein air à Hollywood Hills. De juin à septembre s'y succèdent orchestres symphoniques, groupes de jazz et grands noms de la musique telles que Blondie, Bryan Ferry ou Angélique Kidjo. Emportez un sweat ou une couverture car il y fait frais le soir, ainsi que votre pique-nique – une tradition ! (323-850-2000 ; www.hollywoodbowl.com ; 2301 N Highland Ave ; répétitions gratuites, tarifs spectacles variables ; juin-sept)

Upright Citizens Brigade Theatre

SPECTACLES COMIQUES

34 Plan p. 26, F2

Fondée à New York par des recrues de l'émission TV *Saturday Night Live*, cette troupe de comiques a ouvert en 2005 un théâtre d'improvisation.

Hollywood Bowl

Meilleur club de comédie de la ville, il propose de nombreux spectacles le soir : one-man-shows, improvisations et sketchs. Service de voiturier : 7 $. (☎323-908-8702 ; franklin.ucbtheatre.com ; 5919 Franklin Ave ; tickets 5-12 $)

ArcLight Cinemas

CINÉMA

35 ★ Plan p. 26, D4

La programmation variée – des productions art et essai aux blockbusters – ainsi que les projections-rencontres avec les équipes du film font de ce multiplexe de 14 salles au dôme géodésique le meilleur des environs. Attention : certaines séances, où il est permis de consommer de l'alcool, sont réservées aux plus de 21 ans. Parking 3 $ les 4 heures. (☎323-464-1478 ; www.arclightcinemas.com ; 6360 W Sunset Blvd ; M Red Line jusqu'à Hollywood/Vine)

Pantages Theatre

THÉÂTRE

36 ★ Plan p. 26, E3

Magnifiquement restauré, ce survivant Art déco de l'âge d'or d'Hollywood est parfait pour assister à une comédie musicale. Dernièrement, on y jouait *An American in Paris, The Book of Mormon* et *Hamilton*. La cérémonie des Oscars s'y est déroulée de 1950 à 1959. (☎323-468-1770 ; hollywoodpantages.com ; 6233 Hollywood Blvd ; M Red Line jusqu'à Hollywood/Vine)

Hotel Cafe
MUSIQUE LIVE

37 Plan p. 26, D3

Telle une anomalie dans le clinquant Cahuenga Corridor, cette salle intimiste accueille des chanteurs-compositeurs à texte et sert de tremplin pour les jeunes talents (une jeune Adele y impressionnait le public en 2008). Arrivez tôt et entrez par l'allée. Ouvre généralement à 18h30 (consultez le site). (323-461-2040 ; www.hotelcafe.com ; 1623 N Cahuenga Blvd ; M Red Line jusqu'à Hollywood/Vine)

El Capitan Theatre
CINÉMA

Parfois, des personnages costumés assurent l'animation avant la projection de blockbusters Disney dans ce **cinéma** (voir 7 Plan p. 26, C3). Le billet VIP (28 $; boisson et pop-corn inclus) vous donne la possibilité de réserver un siège. Les places au balcon, au centre de la première rangée, garantissent la meilleure vue. (800-347-6396 ; www.elcapitantheatre.com ; 6838 Hollywood Blvd ; ; M Red Line jusqu'à Hollywood/Highland)

Fonda Theatre
SALLE DE CONCERTS

38 Plan p. 26, E3

Ce théâtre des Années folles a été restauré et reste l'un des meilleurs endroits à Hollywood pour la musique live. La salle intimiste, avec piste de danse et places au balcon, programme des groupes progressifs (The Radio Dept, Pussy Riot), des maîtres du groove (Clean Bandit) et des rappeurs comme Desiigner, le protégé de Kanye West. Entrée (généralement) payante. (323-464-6269 ; www.fondatheatre.com ; 6126 Hollywood Blvd ; M Red Line jusqu'à Hollywood/Vine)

Catalina Bar & Grill
JAZZ

39 Plan p. 26, C3

Cet excellent club de jazz a beau se trouver dans un banal immeuble de bureaux (entrez par le garage), tout est oublié une fois à l'intérieur. Talents en tournée et artistes locaux émergents – notamment Roy Hargrove, Monty Alexander, Barbara Morrison, Kenny Burrell et Chick Corea s'y produisent à raison d'une ou deux sessions par soir. Mieux vaut réserver. (323-466-2210 ; www.catalinajazzclub.com ; 6725 W Sunset Blvd ; entrée 15-40 $ plus dîner ou 2 consos)

Shopping

Amoeba Music
MUSIQUE

40 Plan p. 26, D4

Ouvert en 2001, ce magasin de disques – prospère malgré le tout-numérique ambiant – se paie même le luxe d'être l'un des plus grands disquaires indépendants au monde, avec un catalogue de près de 500 000 CD, DVD, vidéos et vinyles neufs et d'occasion. Vous y trouverez, outre la perle rare, des T-shirts à l'effigie de groupes, des objets, des livres et des BD liés à la musique, ainsi que les conseils des vendeurs rassemblés dans la brochure *Music We Like*. (323-245-

6400 ; www.amoeba.com ; 6400 Sunset Blvd ; 10h30-23h lun-sam, 11h-22h dim)

Just One Eye
MODE ET ACCESSOIRES

41 Plan p. 26, B5

Ce superbe magasin, dissimulé dans les anciens studios d'Howard Hughes, propose à la vente chaussures, vêtements, accessoires et bijoux signés de grands noms – Gucci, Stella McCartney, Brunello Cucinelli... – et de créateurs moins connus comme Beau Souci. Toutes ont en revanche le point commun d'être inaccessibles au commun des mortels. Le concept store expose également meubles, sculptures et autres objets d'art tendance. (888-563-6858 ; justoneeye.com ; 700 Romaine St ; 10h30-19h lun-sam)

JF Chen
DESIGN

42 Plan p. 26, C5

Sur deux étages s'alignent meubles, luminaires et objets de décoration de designers de renom, tels que Poul Kjaerholm, Ettore Sottsass et Charles et Ray Eames. On y trouve toujours des pièces extraordinaires, que ce soit cette table en liège des années 1950 reposant sur trois pieds, ou ce fauteuil en cuir de 1972 en forme de gant de base-ball. (323-463-4603 ; www.jfchen.com ; 1000 N Highland Ave ; 10h-17h lun-ven, à partir de 12h sam)

Counterpoint
LIVRES, DISQUES

Les rayonnages en bois de cette boutique installée non loin d'**Upright Citizens Brigade Theatre** (voir 34 Plan p. 26, F2) débordent de livres d'occasion et les bacs sont pleins de vinyles – de la musique classique au jazz en passant par la soul. Vous dénicherez de véritables pépites – des éditions originales rares et des affiches de rock d'époque – dans le rayon collector. (323-957-7965 ; www.counterpointrecordsandbooks.com ; 5911 Franklin Ave ; 11h-21h30 lun, 11h-23h mar-sam, 13h-21h30 dim)

Guitar Center
INSTRUMENTS DE MUSIQUE

43 Plan p. 26, A3

Ouvert à cet emplacement en 1971, ce paradis pour guitariste propose un choix proprement insensé d'instruments, de la guitare fabriquée en série à quelques dizaines de dollars au modèle unique à plusieurs dizaines de milliers. Pendant rock'n'roll du Chinese Theater, le magasin a son Rock Walk, où plus de 200 groupes et musiciens de légende ont laissé la marque de leurs mains dans le béton. Si Steve Vai semble avoir 6 doigts (ceci explique cela), les autres *guitar heroes* ont des mains étonnament normales. (323-874-1060 ; www.guitarcenter.com, www.rockwalk.com ; 7425 Sunset Blvd ; 10h-21h lun-sam, 11h-20h dim ; Rock Walk en accès libre 24h/24)

Explorer

Griffith Park, Silver Lake et Los Feliz

Maisons modernistes rénovées et petites boutiques pointues font le charme de Silver Lake, bastion hipster organisé autour de deux lacs artificiels. Au nord-ouest, l'agréable Los Feliz est le lieu de résidence huppé des célébrités discrètes de la ville, dont les riches villas s'étendent sur les collines au nord du quartier. Dominant l'ensemble, le vaste Griffith Park est un superbe terrain de jeu pour tout amateur d'activités de plein air – et pour tout fana d'observation astronomique.

L'essentiel en un jour

Après un petit-déjeuner original au **Sqirl** (p. 50), rejoignez le **Griffith Observatory** (p. 42) d'où vous aurez une vue imprenable sur la ville puis empruntez les sentiers du Griffith Park pour découvrir le célèbre **panneau Hollywood** (p. 44). Redescendez ensuite déjeuner au **Trails** (p. 43). Apprécié des marcheurs, ce petit café en plein air est installé à la lisière du parc.

Profitez de l'après-midi pour parfaire votre connaissance de la culture et de l'histoire de l'Ouest américain à l'**Autry Museum** (p. 48), à la frontière nord-est du parc. Ensuite, rejoignez Sunset Junction (intersection entre Sunset Blvd et Santa Monica Blvd) pour découvrir de belles boutiques, comme **Mohawk General Store** (p. 52). Si le lèche-vitrines vous ennuie, mettez plutôt le cap sur **Barnsdall Art Park** (p. 49) pour admirer la première réalisation de Frank Lloyd Wright à Los Angeles.

Offrez-vous un dîner gastronomique et inspiré au **Wolfdown** (p. 51), merveilleuse introduction à une projection dans le décor égyptiano-kitsch du **Vista Theatre** (p. 50). Et, pour clore la soirée en beauté, cap sur le **Dresden** (p. 51) pour siroter un bon cocktail tout en écoutant l'inoxydable duo Marty et Elayne.

Les incontournables

Griffith Observatory (p. 42)

Panneau Hollywood (p. 44)

Le meilleur du quartier

Se restaurer

HomeState (p. 50)

Prendre un verre

Dresden (p. 51)

Shopping

Luxe de Ville (p. 52)

Spitfire Girl (p. 53)

Wacko (p. 53)

Comment y aller

Bus Les bus Metro n^{os}2, 4, 302 et 704 relient Downtown à Silver Lake. Les lignes n^{os}2 et 302 continuent vers l'ouest jusqu'à Los Feliz, Hollywood, West Hollywood, Beverly Hills et Santa Monica.

Métro La station Vermont/Santa Monica sur la Red Line est située 1 km à l'ouest de Silver Lake Junction. Les métros continuent jusqu'à Los Feliz (station Vermont/Sunset), Hollywood et Universal Studios.

Les incontournables
Griffith Observatory

Perché sur le versant sud du mont Hollywood depuis 1935, cette fenêtre sur l'univers coiffée d'un triple dôme abrite un planétarium qui possède le projecteur d'étoiles le plus perfectionné au monde. Et, si le temps est clair, offrez-vous une découverte de la voûte céleste au télescope.

Plan p. 46, B4

213-473-0890

www.griffithobservatory.org

2800 E Observatory Rd

Accès libre à l'observatoire

12h-22h mar-ven, à partir de 10h sam et dim

Griffith Observatory

Samuel Oschin Planetarium

Cœur de l'observatoire, le planétarium est l'un des plus beaux au monde, avec son projecteur Zeiss dernier cri, un système de projection numérique et un dôme high-tech en aluminium qui sert d'écran géant offrant aux images un réalisme impressionnant. Trois spectacles (adulte/enfant 7/3 $) sont proposés : *Centered in the Universe* entraîne les visiteurs à l'époque du Big Bang, *Water Is Life* porte sur la recherche de l'eau dans le système solaire et *Light of the Valkyries* traite des aurores boréales.

Leonard Nimoy Event Horizon Theater

Les étages inférieurs ont été ajoutés à l'observatoire lors d'un ambitieux projet de restauration et d'agrandissement achevé en 2006. Un aperçu du projet, qui comprenait un décollement des fondations, est présenté dans un documentaire de 24 minutes diffusé dans le Leonard Nimoy Event Horizon Theater. Le film renseigne aussi sur le fondateur de l'observatoire, Griffith Jenkins Griffith, industriel qui fit fortune dans les mines.

Télescopes, vue et James Dean

Tous les trésors de l'observatoire ne sont pas à l'intérieur. La plateforme d'observation sur le toit offre une superbe vue sur la ville, les collines et, bien sûr, le panneau Hollywood. Les visiteurs peuvent regarder dans le télescope Zeiss du côté est du toit – le soir, le personnel installe d'autres télescopes sur la pelouse pour des séances d'observation. Habitué aux projecteurs, l'imposant observatoire apparaît dans de nombreux films et séries TV, dont *La La Land*, *Terminator*, *24 heures chrono* et *Alias*. Toutefois, le film auquel il reste le plus associé est *La Fureur de vivre*, commémoré par un buste de James Dean du côté ouest de la pelouse.

☑ À savoir

- Si vous montez en voiture uniquement pour la vue, préférez un jour de semaine avant midi (à l'ouverture) pour vous garer plus facilement.
- Les places de parking sont rares pendant les heures d'ouverture, surtout le week-end. Prenez la navette DASH depuis le métro Vermont/Sunset ou grimpez à pied depuis Los Feliz en contrebas.
- Plusieurs sentiers de randonnée partent de l'observatoire, dont l'un ménageant une belle vue sur le panneau Hollywood ; voir p. 48.

Une petite faim ?

L'observatoire abrite un café banal. S'il fait beau, vous pouvez suivre la balade balisée de 1 km jusqu'à Fern Dell Rd pour déjeuner au **Trails** (☎323-871-2102 ; 2333 Fern Dell Dr, Los Feliz ; pâtisseries 3-4 $, repas 5-9 $; ⌚8h-17h ;), un café en plein air qui sert de savoureux en-cas salés et viennoiseries maison.

Les incontournables
Panneau Hollywood

Juché sur le mont Lee, ce qui n'était au départ qu'un simple panneau publicitaire est depuis devenu l'emblème de la ville. Symbole de l'industrie cinématographique américaine dans le monde entier, il fait une apparition dans de nombreux films et doit à sa célébrité son classement aux monuments historiques culturels de Los Angeles.

Plan p. 46, A2

hollywoodsign.org

Mt Lee Dr

Le panneau Hollywood vu depuis Lake Hollywood Park

D'Hollywoodland à Hollywood

Installé à flanc de colline en 1923, le panneau avait pour but inital de faire la promotion d'un projet immobilier du nom d'Hollywoodland, et devait être démonté au bout d'un an et demi. L'industrie du cinéma, alors en pleine expansion, vit en lui un emblème immédiat : il échappa à la destruction et fut rapidement considéré comme l'un des symboles de la ville. Chaque lettre, haute chacune d'environ 15 m, est constituée de plaques d'aluminium, qu'éclairaient autrefois quelque 4 000 ampoules électriques. L'enseigne eut même son propre gardien jusqu'en 1939 – il habitait alors derrière l'un des "L". Mais la construction, conçue pour être temporaire, s'abimait rapidement. La Chambre de commerce d'Hollywood décida sa restauration en 1949, ôtant les 4 dernières lettres d'Hollywoodland afin de symboliser le quartier tout entier. Il fut encore sauvé deux fois, en 1978 et en 2010, grâce à des campagnes de levées de fonds menées par quelques célébrités dont Alice Cooper ou feu Hugh Hefner, le patron de *Playboy*.

Points de vue

Il est interdit de s'approcher du panneau. Le site, quelques mètres en contrebas de Mt Lee Dr, est séparé de la route par une clôture et n'a de toute façon d'intérêt qu'envisagé dans son ensemble. Si on peut l'apercevoir de plusieurs endroits en ville, quelques lieux offrent un bon point de vue sur le panneau : Lake Hollywood Park (3160 Canyon Lake Dr), N Beachwood Dr (aux alentours du numéro 2603 de la rue), le Griffith Observatory (p. 42), le Jerome C. Daniel Overlook sur Mulholland Drive (p. 153) ou encore "l'arc de triomphe" du centre commercial Hollywood & Highland (6801 Hollywood Blvd) – un hommage à celui visible dans le film *Intolérance* (1916), de David Wark Griffith.

☑ À savoir

- Le panneau serait hanté par le fantôme de Peggy Entwistle, aspirante actrice qui se jeta du haut de la lettre "H" en 1932.
- Plusieurs sentiers de randonnée dans le Griffith Park permettent de belles vue sur le panneau, notamment le Mt Hollywood Trail, une boucle de 5 km environ accessible à tous, qui part du parking de l'observatoire.
- On peut s'approcher du panneau depuis Bronson Canyon (p. 49) via une randonnée plus ardue sur le Brush Canyon Trail.
- Procurez-vous une carte des sentiers aux bureaux du Griffith Park (p. 48) ou sur leur site Internet.

Une petite faim ?

Un pique-nique est idéal si vous décidez de randonner. **Trails** (p. 43) fournir des en-cas si vous ne souhaitez pas préparer de sandwichs vous-même.

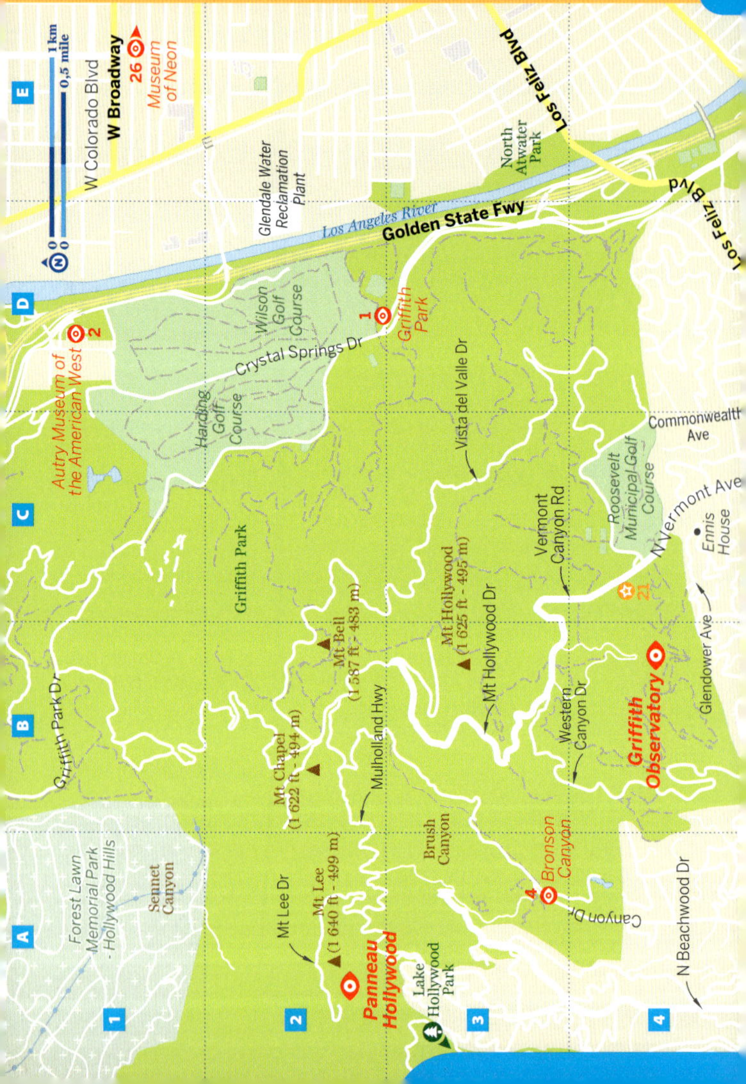

A
B
C
D
E
1
2
3
4
0
0
0,5 mile
1 km
W Colorado Blvd
W Broadway
26
Museum of Neon
Glendale Water Reclamation Plant
Los Angeles River
Golden State Fwy
North Atwater Park
Los Feliz Blvd
Los Feliz Blvd
Autry Museum of the American West
2
Wilson Golf Course
Harding Golf Course
Crystal Springs Dr
1
Griffith Park
Vista del Valle Dr
Commonwealth Ave
Roosevelt Municipal Golf Course
N Vermont Ave
Ennis House
Vermont Canyon Rd
21
Griffith Park
Mt Bell (1 587 ft - 483 m)
Mt Hollywood (1 625 ft - 495 m)
Mt Hollywood Dr
Griffith Observatory
Glendower Ave
Western Canyon Dr
Griffith Park Dr
Mt Chapel (1 622 ft - 494 m)
Mulholland Hwy
Forest Lawn Memorial Park - Hollywood Hills
Sennet Canyon
Mt Lee Dr
Mt Lee (1 640 ft - 499 m)
Panneau Hollywood
Brush Canyon
Bronson Canyon
4
Canyon Dr
Lake Hollywood Park
N Beachwood Dr

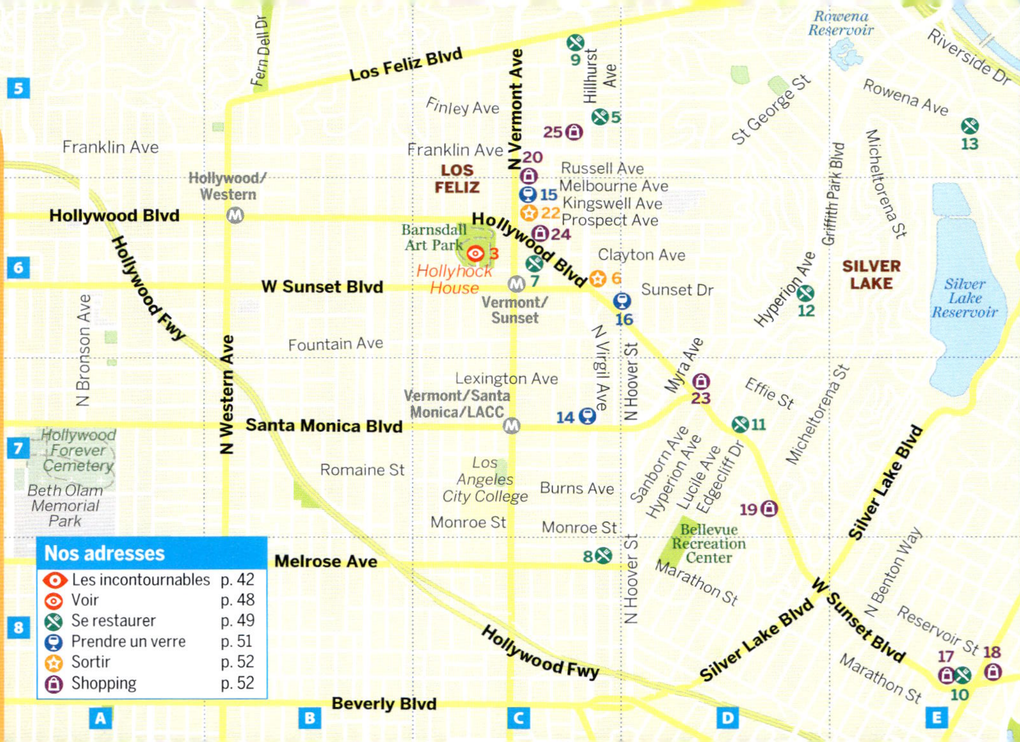

Nos adresses
Les incontournables p. 42
Voir p. 48
Se restaurer p. 49
Prendre un verre p. 51
Sortir p. 52
Shopping p. 52
Los Feliz Blvd
Fern Dell Dr
N Vermont Ave
Hillhurst Ave
Finley Ave
Franklin Ave
Franklin Ave
LOS FELIZ
Hollywood/ Western
Hollywood Blvd
Hollywood Blvd
Hollywood Fwy
Barnsdall Art Park
Hollyhock House
W Sunset Blvd
Vermont/ Sunset
Russell Ave
Melbourne Ave
Kingswell Ave
Prospect Ave
Clayton Ave
Sunset Dr
N Bronson Ave
Fountain Ave
N Western Ave
Lexington Ave
Vermont/Santa Monica/LACC
Santa Monica Blvd
N Virgil Ave
N Hoover St
Hollywood Forever Cemetery
Beth Olam Memorial Park
Romaine St
Los Angeles City College
Burns Ave
Monroe St
Monroe St
Melrose Ave
Hollywood Fwy
Beverly Blvd
Rowena Reservoir
Riverside Dr
Rowena Ave
St George St
Griffith Park Blvd
Micheltorena St
SILVER LAKE
Silver Lake Reservoir
Hyperion Ave
Myra Ave
Effie St
Micheltorena St
Sanborn Ave
Hyperion Ave
Lucile Ave
Edgecliff Dr
Bellevue Recreation Center
Marathon St
N Hoover St
Silver Lake Blvd
Silver Lake Blvd
W Sunset Blvd
N Benton Way
Reservoir St
Marathon St
A
B
C
D
E
5
6
7
8

Voir

Griffith Park

PARC

1 Plan p. 46, D2

Offert à la ville en 1896 par le magnat de l'industrie minière Griffith J. Griffith, le plus vaste parc urbain d'Amérique (cinq fois plus grand que le Central Park new-yorkais !) est le terrain de jeu tout en collines et en canyons des Angelenos de tous âges. Ses 85 km de sentiers de randonnée sont pris d'assaut par les familles lors des journées ensoleillées, et les plus courageux viennent y faire leur jogging. Le Greek Theater (voir p. 52) accueille concerts et spectacles, le **zoo** (323-644-4200 ; www.lazoo.org ; 5333 Zoo Dr ; tarif plein/senior/-12 ans 21/18/16 $; 10h-17h, fermé à Noël ; P), le train miniature du **Los Angeles Live Steamers Railroad Museum** (323-662-8030, 323-661-8958 ; lals.org ; 5202 Zoo Drive ; don suggéré 3 $; 11h–15h dim) et le **manège** (ticket 2 $; 11h-17h tlj début juin à août, sam-dim sept à début juin ; P) font le bonheur des petits, et vous pourrez y voir le célèbre observatoire (voir p. 42), le légendaire panneau Hollywood (voir p. 44), la grotte (voir ci-contre) servant de repère à Batman dans la série TV des années 1960 ou encore visiter l'Autry Museum (ci-contre). Téléchargez la carte du parc indiquant les sentiers de randonnée et les sites d'intérêt sur le site du parc, ou prenez-la au bureau des rangers. (323-644-2050 ; www.laparks.org/griffithpark ; 4730 Crystal Springs Dr ; entrée libre ; 5h-22h, sentiers aube-crépuscule ; P)

Autry Museum of the American West

MUSÉE

2 Plan p. 46, D1

Dans cet excellent musée en lisière du Griffith Park, vous saurez tout sur la conquête de l'Ouest et sur les bons, les brutes et les truands de la ruée vers le Pacifique. Les expositions permanentes portent sur les traditions amérindiennes, le rassemblement du bétail ou la vie quotidienne au XIXe siècle. Hollywood oblige, vous y verrez également des costumes et des accessoires provenant de films comme *Annie du Far West*. Des expositions artistiques temporaires – de l'artisanat à la photographie – sont dédiées à des aspects plus contemporains de la Californie. (323-667-2000 ; www.autrynationalcenter.org ; 4700 Western Heritage Way ; tarif plein/réduit/enfant 14/10/6 $, gratuit 2e mardi du mois ; 10h-16h mar-ven, 10h-17h sam-dim ; P)

Hollyhock House

ÉDIFICE

3 Plan p. 46, C6

Héritière du magnat du pétrole Theodore Newton Barnsdall, Aline Barnsdall confia à Frank Lloyd Wright la réalisation de sa résidence en 1919. Avec son architecture ressemblant à celle d'un temple maya, elle doit son nom de rose trémière à la fleur préférée de la commanditaire, rappelée par l'utilisation intensive d'un motif stylisée de la plante. Cette première réalisation de l'architecte à Los Angeles préfigure d'autres constructions en ville faisant appel aux mêmes principes, dont la **Samuel Freeman House** (plan p. 26, C2 ; 1962 Glencoe Way ; ne se visite pas), édifiée en 1923 à Hollywood, ou **Ennis House** (plan p. 46, C4 ; 2655 Glendower Ave ; ne se visite pas), à Los Feliz, achevée en 1924. Entourant la demeure, le petit **Barnsdall Art Park** (accès libre), en hauteur, ménage une vue sur le panneau Hollywood et l'observatoire. Il héberge un théâtre et la **Los Angeles Municipal Art Gallery** (www.lamag.org ; gratuit ; jeu-dim 12h-17h), espace d'exposition créé en 1970 qui met en avant les créations d'artistes de Californie du Sud. (☎323-913-4031 ; www.barnsdall.org ; 4800 Hollywood Blvd ; tarif plein/étudiant/enfant 7/3 $/gratuit ; ⏲visites 11h-16h jeu-dim ; Ⓜ Red Line jusqu'à Vermont/Sunset ; Ⓟ)

Bronson Canyon RANDONNÉE

4 Plan p. 46, A3

Moins fréquenté que Runyon Canyon, ce canyon fut l'un des lieux de tournage de la série *Batman*, diffusée dans les années 1960 : on peut en effet y voir la grotte qui était censée abriter la "batcave" de l'homme chauve-souris. Un sentier de randonnée, le Brush Canyon Trail, monte jusqu'au Mulholland Trail, qui mène à l'ouest aux abords du panneau Hollywood – en prenant vers l'est, on peut rejoindre le mont Hollywood, point culminant du Griffith Park, et l'observatoire. Procurez-vous une carte au bureau des rangers ou sur le site du parc (ci-contre). (☎818-243-1145 ; 3200 Canyon Dr ; ⏲5h-22h30)

ALEX MILLAUER/SHUTTERSTOCK ©

Griffith Park

Se restaurer

Jeni's Splendid Ice Creams GLACIER $

5 Plan p. 46, C5

Il y a souvent la queue devant la porte de ce glacier, créé en 2002 dans l'Ohio. Oubliez la banale vanille : ici on propose des parfums signature originaux tels que nougatine au beurre noisette et sorbet à la poire pochée au riesling. Il y a aussi des éditions limitées : vous devrez choisir entre un mélange genièvre-crème citron et le Queen City Cayenne épicé. Cruel dilemme ! (☎323-928-2668 ; jenis.com ; 1954 Hillhurst Ave ; 2/3/4 parfums 5,50/6,50/7,50 $; ⏲11h-23h)

100% Los Angeles

Vista Theatre

Ouvert en 1923, ce **cinéma** (6 Plan p. 46, C6 ; 323-660-6639 ; www.vintagecinemas.com/vista ; 4473 W Sunset Blvd ; M Red Line jusqu'à Vermont/ Sunset) arbore un intérieur "Égypte ancienne" merveilleusement kitsch et un parvis rappelant le Chinese Theatre (p. 25) – en plus modeste.

HomeState

TEX-MEX $

7 Plan p. 46, C6

Le Texas est à l'honneur dans cet établissement rustique, un bon choix pour un petit-déjeuner authentique. Optez pour les tacos, maison, comme le Trinity (œuf, bacon, pomme de terre et cheddar) ou le *brisket* (poitrine de bœuf, chou, guacamole et jalapeños marinés dans un pain blanc moelleux). (323-906-1122 ; www.myhomestate.com ; 4624 Hollywood Blvd ; tacos 3,50 $, plats 7-10 $; 8h-15h ; M Red Line jusqu'à Vermont/Sunset)

Sqirl

CAFÉ $

8 Plan p. 46, C8

Malgré un emplacement confidentiel, ce café fait toujours le plein grâce à sa cuisine originale et goûteuse : poulet mijoté avec porridge de riz, servi avec citron vert séché, ghee à la cardamome et tomate, toast à l'onctueuse ricotta maison, épaisse brioche "brulée" et confitures artisanales... Petit-déj et déj uniquement. (323-284-8147 ; sqirlla.com ; 720 N Virgil Ave ; plats 5-15 $; 6h30-16h lun-ven, à partir de 8h sam-dim ; ; M Red Line jusqu'à Vermont/Santa Monica)

MessHall

CUISINE DE PUB $$

9 Plan p. 46, C5

L'ancien Brown Derby, un club de danse rendu célèbre par le film *Swingers*, est aujourd'hui un bel établissement aux box confortables, à l'atmosphère cosy. La carte affiche "mac-n-cheese", travers de porc fumés avec *coleslaw* et frites maison. (323-660-6377 ; www.messhallkitchen.com ; 4500 Los Feliz Blvd ; plats 16-35 $; 9h-22h dim-jeu, jusqu'à 23h ven-sam ; P)

Elf Cafe

VÉGÉTARIEN $$

10 Plan p. 46, E8

Cette adresse intimiste d'Echo Park est l'un des meilleurs restaurants végétariens de LA. Commencez par des feuilles de vigne à la feta, puis goûtez le *kofta* aux champignons, avec purée de citron en pot et yaourt au safran et aux herbes. (213-484-6829 ; www.elfcafe.com ; 2135 Sunset Blvd ; plats 16-23 $; 6h-23h lun-sam ;)

Kettle Black

ITALIEN $$

11 Plan p. 46, D7

Élégant, ce bar à cocktails-restaurant organisé autour d'une longue table commune propose de bonnes pizzas à la pâte épaisse et d'excellentes pâtes maison. Bon choix de vins, mais nous vous conseillons plutôt de commander un gin tonic – le gin, produit à Downtown, vient de Mulholland Distilling. (323-641-3705 ; www.kettleblackla.com ; 3705 W Sunset Blvd ; pizzas 13-18 $, plats 23-26 $; 17h-10h45 dim-mer, jusqu'à 1h15 jeu-sam)

Casita del Campo
MEXICAIN **$$**

12 Plan p. 46, D6

On aime tout dans ce bar-restaurant né dans les années 1960, et tout particulièrement ses succulents *camarones a la diabla* (crevettes à la sauce piquante). En bas, le minuscule **Cavern Club Theater** (www.cavernclubtheater.com) accueille des spectacles de drag-queens. (323-662-4255 ; www.casitadelcampo.net ; 1920 Hyperion Ave ; plats déjeuner 10-19 $, dîner 13-21 $; 11h-23h dim-mer, jusqu'à minuit jeu, jusqu'à 2h ven-sam ; P)

Wolfdown
AMÉRICAIN MODERNE **$$$**

13 Plan p. 46, E5

Une adresse discrète mais qui monte. Le jeune chef Jason Kim, d'origine coréenne, a créé un nid douillet aux touches rustiques – poutres au plafond, cheminée en brique, parquet… – pour lequel il sélectionne lui-même ses produits au marché. Dans l'assiette, des plats originaux et inspirés comme le riz noir à la noix de coco, avec légumes à l'huile et le poulet croustillant coréen (optez pour la version épicée). Agréable patio. (323-522-6381 ; www.wolfdownla.com ; 2764 Rowena Ave ; plats 8-45 $; 17h30-22h mar-jeu, jusqu'à 23h ven-sam ;)

Prendre un verre

The Virgil
BAR

14 Plan p. 46, C7

Un agréable bar de quartier à l'ancienne, idéal pour siroter un cocktail en compagnie des hipsters et des artistes du coin. Nombreuses animations – humoristes, concerts… – et soirées à thème : le jeudi, retour dans les années 1980 avec la soirée Funkmosphere. Jukebox. (323-660-4540 ; www.thevirgil.com ; 4519 Santa Monica Blvd ; 19h-2h)

Dresden
BAR À COCKTAILS

15 Plan p. 46, C6

Marty et Elayne sont des figures de Los Feliz depuis 1982, date à laquelle ils ont apporté leur style à la Sinatra dans ce bar des années 1950 – lui à la batterie et à la contrebasse, elle au piano et à la flûte. Peut-être les connaissez-vous déjà : ils font une brève apparition dans le film *Swingers*, sorti en 1996. (323-665-4294 ; www.thedresden.com ; 1760 N Vermont Ave ; 16h30-2h lun-sam, jusqu'à minuit dim ; M Red Line jusqu'à Vermont/Sunset)

Tiki-Ti
BAR

16 Plan p. 46, D6

Créé en 1961 – jetez un coup d'œil aux notes laissées par les clients, certaines datent de cette époque –, ce petit bar affiche une décoration tiki typique – surchargée, comme il se doit. Une clientèle éclectique vient y déguster de bons cocktails, généralement assez forts ; goûtez le Blood and Sand, à la tequila. Attendez-vous à pas mal de monde à l'intérieur et à un niveau sonore élevé – mais ça fait partie de ses charmes. (323-669-9381 ; www.tiki-ti.com ; 4427 W Sunset Blvd ; 16h-2h mer-sam)

100% Los Angeles

Au royaume du vintage

Los Feliz, Silver Lake et Echo Park abondent en friperies. Vous devriez trouver votre bonheur chez **Luxe de Ville** (**17** Plan p. 46, E8 ; 213-353-0135 ; luxedeville.com ; 2157 Sunset Blvd ; 12h30-19h lun, à partir de 12h mar-sam, 12h-17h dim), **Lemon Frog** (**18** Plan p. 46, E8 ; 213-413-2143 ; lemonfrogshop.com ; 1202 N Alvarado St ; 10h30-17h30 lun-mer et sam, jusqu'à 18h30 jeu, 11h30-19h30 ven, 12h-17h dim), **Foxhole LA** (**19** Plan p. 46, D7 ; 213-290-7175 ; www.foxholela.com ; 3318 W Sunset Blvd ; 12h-17h lun-sam) ou **SquaresVille** (**20** Plan p. 46, ; 323-669-8464 ; www.squaresvillevintage.com ; 1800 N Vermont Ave ; 12h-19h sam-dim, 11h-20h mar-jeu, 11h-21h ven-sam).

Sortir

Greek Theatre

MUSIQUE LIVE

21 Plan p. 46, C4

Niché sur un versant boisé du Griffith Park, cet amphithéâtre de 5 900 places en plein air, plus intimiste que l'Hollywood Bowl, séduit par sa programmation variée. PJ Harvey, John Legend ou encore Pepe Aguilar s'y sont déjà produits. Prévoyez du temps pour sortir du parking (paiement en espèces uniquement ou en réservant sur le site), généralement bondé. Un parking excentré (4400 Crystal Springs Dr) avec service de navette, moins coûteux, a été mis en place. Infos et réservations sur le site Internet. (844-524-7335 ; www.lagreektheatre.com ; 2700 N Vermont Ave ; avr-oct)

Rockwell

MUSIQUE LIVE

22 Plan p. 46, C6

Célèbre pour ses rôles de scientifique légèrement décalé – comme dans *Jurassic Park* ou *Independance Day* –, Jeff Goldblum est également pianiste de jazz. Il se produit généralement le mercredi soir lors du dîner-spectacle en compagnie du Mildred Snitzer Orchestra. Consultez la programmation sur le site Internet… et réservez. (323-669-1550 ; rockwell-la.com ; 1714 N Vermont Ave ; M Red Line jusqu'à Vermont/Sunset)

Shopping

Mohawk General Store

MODE ET ACCESSOIRES

23 Plan p. 46, D7

Les articles de mode et les accessoires vendus dans cette boutique séduiront les hommes élégants à la recherche de pièces originales et rares. Vous y trouverez notamment les parfums et cosmétiques Byredo, les bijoux de Matthew Ready, créateur angeleno, des vêtements signés Jan-Jan Van Essche ou Dries Van Noten ainsi qu'une ligne de vêtements maison. Petite collection inattendue de matériel hi-fi vintage. (323-669-1602 ; www.mohawkgeneralstore.com ; 4017 W Sunset Blvd ; 11h-19h lun-sam, jusqu'à 18h dim)

Skylight Books
LIVRES

À deux pas de **SquaresVille** (voir 20 Plan p. 46, C5), cette institution de Los Feliz propose une belle sélection d'ouvrages sur l'art, l'architecture, la mode ou l'histoire de la ville, ainsi que des livres de cuisine vegan, des romans, des essais et des magazines pointus. Des lectures et des débats sont régulièrement organisés (podcasts disponibles sur le site). (323-660-1175 ; www.skylightbooks.com ; 1818 N Vermont Ave ; 10h-22h)

Wacko
OBJETS ET GADGETS

24 Plan p. 46, C6

Envie d'un sac *Star Wars*, de chaussettes Gauguin ou d'une poupée Hillary Clinton ? Vous devriez trouver votre bonheur dans ce temple du cadeau kitsch ouvert il y a plus de 30 ans. Bon choix de livres sur la culture pop (photo, musique, tatouage, arts graphiques) également. (323-663-0122 ; www.soapplant.com ; 4633 Hollywood Blvd ; 11h-19h lun-mer, 11h-21h jeu, 11h-22h ven-sam, 12h-18h dim ; M Red Line jusqu'à Vermont/Sunset)

Spitfire Girl
CADEAUX ET SOUVENIRS

25 Plan p. 46, C5

Dans l'une des boutiques de cadeaux les plus originales de la ville, où bijoux de qualité, livres sur l'art, trophées en papier mâché et bougies aromatiques se mêlent à des nains de jardin en peluche. Nous adorons les parfums unisexes et les coussins faits main. (323-912-1977 ; www.spitfiregirl.com ; 1939 Hillhurst Ave ; 11h-19h lun-ven et dim, jusqu'à 19h30 sam)

Comprendre

Museum of Neon Art

Les néons sont omniprésents à LA, et la collection de ce **musée** (26 hors plan p. 46 ; 818-696-2149 ; www.neonmona.org ; 216 S Brand Blvd, Glendale ; tarif plein/étudiant 10/8 $; 12h-19h jeu-sam, 12h-17h dim), à environ 2 km à l'est du Griffith Park, présente des enseignes d'institutions de la région, dont celle du légendaire (mais disparu) Brown Derby ou encore des garages Pep Boys. Le MONA organise également deux fois par mois des "croisières néon" à bord de bus à l'impériale ouverts.

Steven Alan Outpost
MODE ET ACCESSOIRES

Les connaisseurs adorent le créateur new-yorkais Steven Alan pour ses beaux vêtements pour homme et femme alliant les styles décontracté naturel et *preppy* aux détails uniques. Vous trouverez chemises, T-shirts, pantalons, robes, jupes et sacs à prix cassés dans sa boutique de Los Feliz, mitoyenne de **Spitfire Girl** (voir 25 Plan p. 46, C5). (323-667-9500 ; www.stevenalan.com ; 1937 Hillhurst Ave ; 11h-19h lun-sam, jusqu'à 18h dim)

100% Los Angeles
Balade dans Echo Park

Ce quartier pluriethnique possède une énergie mêlant art urbain d'avant-garde, musique et culture. Ponctué par un lac et sa fontaine que l'on aperçoit dans *Chinatown* de Polanski, Echo Park s'est "boboïsé" ces dernières années, mais les commerces sud-américains telles les *panaderías* (boulangeries) et les *cebicherías* (restaurants de poisson) sont encore bien présents.

Comment y aller

🚗 Echo Park est accessible par Sunset Blvd, l'artère principale juste à l'ouest de Downtown, ou depuis l'I-101.

🚌 Le quartier est desservi par la ligne de bus Metro n°2.

❶ Echo Park Lake

Le **lac d'Echo Park** (www.laparks.org ; 751 Echo Park Ave ; P) était le réservoir des familles des grands propriétaires terriens à la fin du XIXe siècle. Mais il est plus célèbre pour avoir servi de cadre aux manigances en eaux troubles de Jake Gittes dans le film *Chinatown* de Polanski, désormais un classique, et pour ses perspectives furtives vers Downtown. Trouvez le hangar à bateaux et louez un pédalo ou un canoë pour une escapade en famille.

❷ I Am 8 Bit

Les 1 370 m^2 de la vaste galerie **I Am 8 Bit** (213-908-6154 ; www.iam8bit.com ; 2147 W Sunset Blvd ; 17h-22h jeu-ven, 13h-22h sam, 12h-17h dim) proposent des expositions spectaculaires. Située au cœur d'Echo Park, elle est aussi le lieu artistique le plus original du quartier.

❸ Pizza

Masa (213-989-1558 ; www.masaofechopark.com ; 1800 W Sunset Blvd ; pizza à partir de 13 $; 11h-23h dim-jeu, 11h-minuit ven-sam ; P) sert des pizzas à pâte épaisse dans un cadre plein de couleurs et de fantaisie, très Nouvelle-Orléans – comme la musique. Brunch le week-end.

❹ Concerts nocturnes

Fréquenté par les habitants du quartier est, **The Echo** (www.attheecho.com ; 1822 W Sunset Blvd ; prix variable) affiche une programmation éclectique mais plutôt indé. Des soirées sont aussi organisées à l'Echoplex tout proche, plus vaste.

❺ Stories

Flânez dans un petit dédale de livres neufs et d'occasion en écoutant la musique diffusée chez **Stories** (213-413-3733 ; www.storiesla.com ; 1716 W Sunset Blvd ; 8h-23h dim-jeu, jusqu'à minuit ven-sam ;). On y trouve de tout : pièces de théâtre, poésie et anthologies de nouvelles, romans graphiques, titres métaphysiques et ouvrages consacrés à la ville. Le café à l'arrière sert des en-cas et dispose et d'une jolie terrasse. Wi-Fi gratuit.

❻ Sage

Sage (213-989-1718 ; www.sageveganbistro.com ; 1700 W Sunset Blvd ; plats 9-15 $; 11h-22h lun-mer, jusqu'à 23h jeu-ven, 9h-16h et 17h-23h sam, jusqu'à 22h dim ;) est un bistrot bio végétalien. Les généreux sandwichs et burgers y sont préparés avec brio et amour. Vous pourrez y déguster l'une des succulentes glaces 100% naturelles de **Kind Kreme** (www.kindkreme.com).

❼ Dodger Stadium

Construit en 1962, le **Dodger Stadium** (866-363-4377 ; m.mlb.com/dodgers/tickets/tours ; 1000 Elysian Park Ave ; visites tarif plein/enfant et senior à partir de 20/15 $; visites 10h, 11h30 et 13h ; P) est l'un des stades de la Major League Baseball. Des visites sont régulièrement proposées : tribune de presse, banc de touche des Dodgers, espace VIP Dugout Club, terrain et centre d'entraînement Tommy Lasorda. Mais assister à un match reste la meilleure façon de le découvrir.

Explorer

West Hollywood et Beverly Hills

À WeHo, les drapeaux arc-en-ciel flottent fièrement au-dessus de Santa Monica Blvd, et l'indémodable Sunset Strip est depuis des décennies au cœur des nuits angelenas. À l'ouest, Beverly Hills évoque somptueuses demeures, voitures de luxe et milliardaires – il suffit pour s'en convaincre de flâner le long de Rodeo Drive, où s'alignent palmiers et boutiques hors de prix. Dans les bistros chics du quartier, on parle cinéma et business.

L'essentiel en un jour

Après un petit-déjeuner teinté d'influences new-yorkaises au **Nate'n Al** (p. 63) – nous vous conseillons un bagel au saumon fumé –, consacrez la matinée à la visite du **Museum of Tolerance** (p. 60) ou à la découverte des collections du **Hammer Museum** (p. 60), où sont également organisées de belles expositions.

Mettez-vous au diapason du quartier en déjeunant à **The Ivy** (p. 64), où se côtoient célébrités et paparazzis, avant d'aller faire un peu de lèche-vitrines dans Robertson Blvd. Vous serez alors prêt à affronter les boutiques de luxe de **Rodeo Drive** (p. 60). Si le temps n'est pas aux dépenses frivoles, plongez-vous dans les colossales archives de la TV américaines au **Paley Center for Media** (p. 62).

Commencez par vous ouvrir l'appétit avec l'un des bons cocktails du bar du **Chateau Marmont** (p. 66) – un pan d'histoire de la ville –, puis allez savourer l'excellente cuisine d'**EP & LP** (p. 63), teintée d'accents du Sud-Est asiatique, ou régalez-vous de spécialités mexicaines version vegan au **Gracias Madre** (p. 63). Et, pour danser jusqu'au bout de la nuit, cap sur les boîtes gay de WeHo – **The Abbey** (p. 65) en est une des institutions.

Le meilleur du quartier

Se restaurer

Joss Cuisine (p. 64)

Prendre un verre

Bar Marmont (p. 66)

Polo Lounge (p. 66)

Shopping

Melrose Avenue (p. 70)

Mystery Pier Books (p. 69)

Book Soup (p. 68)

Comment y aller

Bus Les lignes Metro n^{os}2 (sur Sunset Blvd), 4 et 704 (sur Santa Monica Blvd), 10 (sur Melrose Ave), 14 (sur Beverly Blvd), 20 et 720 (sur Wilshire Blvd) desservent les quartiers situés à l'est et à l'ouest. Depuis les aéroports, mieux vaut prendre un taxi ou utiliser un service de VTC.

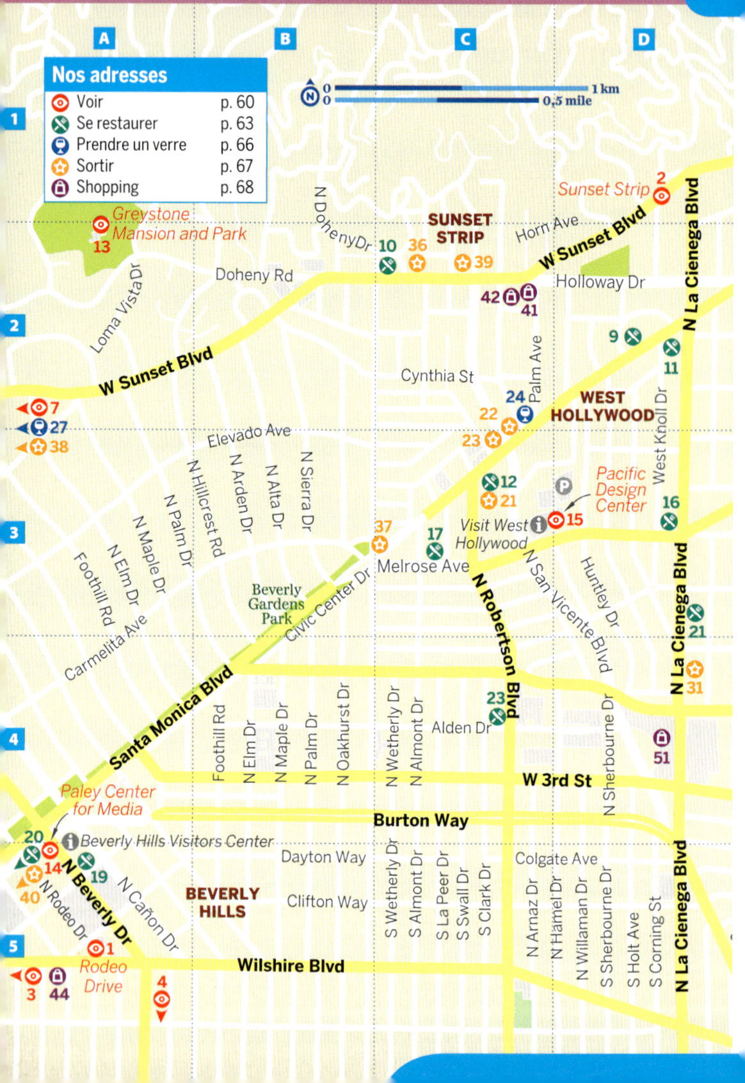
A
B
C
D
1
2
3
4
5
Nos adresses
Voir p. 60
Se restaurer p. 63
Prendre un verre p. 66
Sortir p. 67
Shopping p. 68
0 1 km
0 0,5 mile
Greystone Mansion and Park 13
Sunset Strip 2
SUNSET STRIP
10 36 39
42 41
9
11
N Doheny Dr
Horn Ave
W Sunset Blvd
Doheny Rd
Holloway Dr
N La Cienega Blvd
Loma Vista Dr
Cynthia St
Palm Ave
24
22
23
WEST HOLLYWOOD
West Knoll Dr
7
27
38
Elevado Ave
N Hillcrest Rd
N Arden Dr
N Alta Dr
N Sierra Dr
N Palm Dr
N Maple Dr
N Elm Dr
Foothill Rd
Carmelita Ave
12
21
Pacific Design Center
15
16
Visit West Hollywood
37
17
Melrose Ave
Beverly Gardens Park
Civic Center Dr
N Robertson Blvd
N San Vicente Blvd
Huntley Dr
21
31
Santa Monica Blvd
23
Alden Dr
51
N Wetherly Dr
N Almont Dr
N Oakhurst Dr
N Palm Dr
N Maple Dr
N Elm Dr
Foothill Rd
N Sherbourne Dr
W 3rd St
Paley Center for Media
Burton Way
20
Beverly Hills Visitors Center
Dayton Way
Colgate Ave
14
19
40
N Beverly Dr
N Rodeo Dr
N Cañon Dr
BEVERLY HILLS
Clifton Way
S Wetherly Dr
S Almont Dr
S La Peer Dr
S Swall Dr
S Clark Dr
N Arnaz Dr
N Hamel Dr
N Willaman Dr
S Sherbourne Dr
S Holt Ave
S Corning St
1
Rodeo Drive
Wilshire Blvd
3
44
4

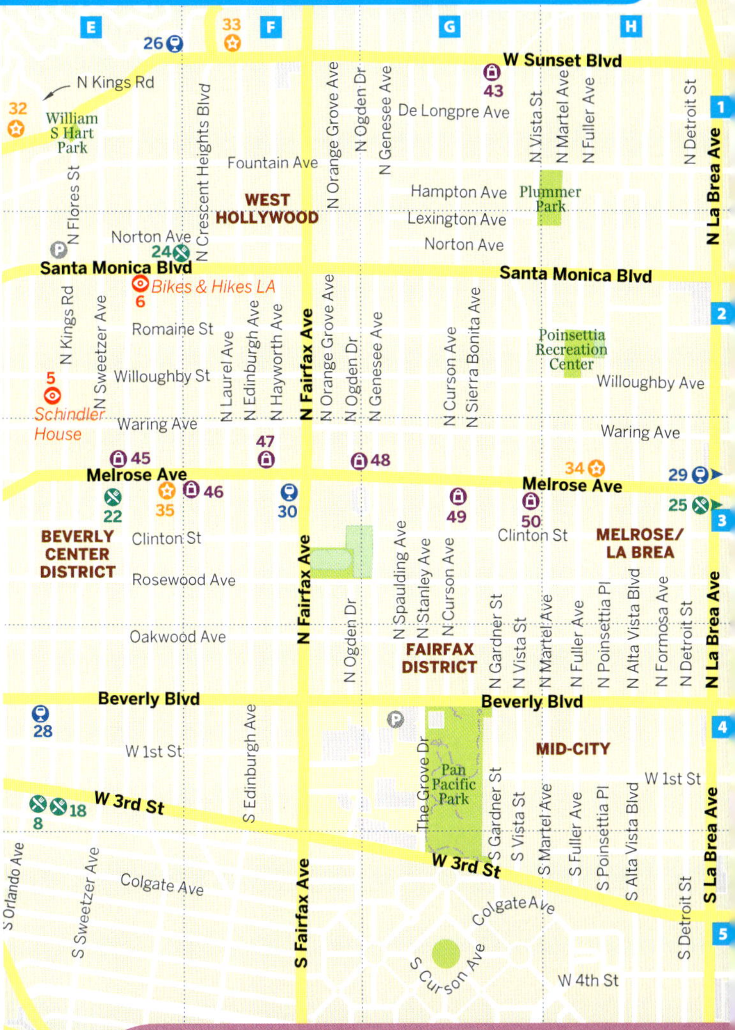

E
F
G
H
1
2
3
4
5
W Sunset Blvd
N Kings Rd
William S Hart Park
Fountain Ave
De Longpre Ave
Hampton Ave
Lexington Ave
Norton Ave
Plummer Park
WEST HOLLYWOOD
Santa Monica Blvd
Bikes & Hikes LA
Romaine St
Willoughby St
Willoughby Ave
Waring Ave
Schindler House
Poinsettia Recreation Center
Melrose Ave
Clinton St
Rosewood Ave
Oakwood Ave
BEVERLY CENTER DISTRICT
FAIRFAX DISTRICT
MELROSE/ LA BREA
Beverly Blvd
MID-CITY
W 1st St
W 3rd St
Pan Pacific Park
Colgate Ave
S Curson Ave
W 4th St
N Fairfax Ave
S Fairfax Ave
N La Brea Ave
S La Brea Ave
N Flores St
N Crescent Heights Blvd
N Orange Grove Ave
N Ogden Dr
N Genesee Ave
N Vista St
N Martel Ave
N Fuller Ave
N Detroit St
N Sweetzer Ave
N Laurel Ave
N Edinburgh Ave
N Hayworth Ave
N Curson Ave
N Sierra Bonita Ave
N Spaulding Ave
N Stanley Ave
N Gardner St
N Poinsettia Pl
N Alta Vista Blvd
N Formosa Ave
The Grove Dr
S Edinburgh Ave
S Orlando Ave
S Sweetzer Ave
S Gardner St
S Vista St
S Martel Ave
S Fuller Ave
S Poinsettia Pl
S Alta Vista Blvd
S Detroit St
5
6
8
18
22
24
25
26
28
29
30
32
33
34
35
43
45
46
47
48
49
50

Voir

Rodeo Drive
RUE

1 Plan p. 58, A5

Ultra-sélect, le repaire des *fashion addict* du quartier alterne boutiques de luxe et enseignes prestigieuses le long des 3 *blocks* séparant Santa Monica Blvd de Wildshire Blvd.

Sunset Strip
RUE

2 Plan p. 58, D1

À découvrir une fois le soleil couché, lorsque le maelström des publicités géantes et des enseignes au néon aimante les oiseaux de nuit. L'histoire de cette portion de Sunset Blvd remonte aux années 1920, lorsque clubs et bars y élisent domicile – la florissante industrie du cinéma en fit son lieu de sortie dans les années 1930. Le Strip a depuis connu des hauts et des bas et vit aujourd'hui un peu sur sa légende, bien qu'il reste un incontournable des nuits angelenas. (Sunset Blvd entre Laurel Canyon et Doheny Dr)

100% Los Angeles

Hammer Museum

Ce **musée** (3 hors plan p. 58, A5 ; 310-443-7000 ; www.hammer.ucla.edu ; 10899 Wilshire Blvd ; entrée libre ; 11h-20h mar-ven, jusqu'à 17h sam-dim ; P) expose des pièces de la collection personnelle de l'industriel Armand Hammer, dont des œuvres mineures de Monet, Van Gogh et Mary Cassatt, mais l'intérêt principal réside dans les expositions temporaires d'artistes locaux d'avant-garde. À Westwood, à l'ouest de Beverly Hills.

Museum of Tolerance
MUSÉE

4 Hors plan p. 58, A5

Ce musée géré par le centre Simon-Wiesenthal vise à sensibiliser les visiteurs aux problèmes de racisme. L'Holocauste y fait l'objet d'une grande installation où est examiné le contexte social, politique et économique qui l'a vu naître. Au 2e étage, grande exposition sur la vie d'Anne Frank. (réservations 310-772-2505 ; www.museumoftolerance.com ; 9786 W Pico Blvd ; adulte/senior/étudiant 15,50/12,50/11,50 $, expo Anne Frank adulte/senior/étudiant 15,50/13,50/12,50 $; 10h-18h30 dim-mer et ven, 10h-21h30 jeu, 10h-15h30 ven nov-mars ; P)

Schindler House
ARCHITECTURE

5 Plan p. 58, E2

La maison du Viennois Rudolf Schindler (1887-1953) annonce les prémices du modernisne, qui influencera grandement l'architecture californienne du milieu du XXe siècle. Jugée trop extrême lors de son édification en 1921, elle comporte nombre d'éléments qui seront couramment incorporés dans les constructions d'après-guerre – espace ouvert, toit plat, baies vitrées coulissantes… (323-651-1510 ; www.makcenter.org ; 835 N Kings Rd ; tarif plein/senior et étudiant/-12 ans 10/7 $/gratuit, gratuit ven 16h-18h ; 11h-18h mer-dim)

Melrose Avenue (p. 70)

Bikes & Hikes LA

CIRCUITS

6 Plan p. 58, E2

À WeHo, location de vélos et circuits à vélo (Hollywood, Beverly Hills, demeures des stars). Pour les cyclistes en forme, demeures de célébrités, rues commerçantes chics, architecture intéressante et Pacifique sont au programme des 50 km du "LA in a Day" (LA en un jour, 143,10 $). Des circuits pédestres ouverts aux familles (niveau facile à modéré) sont organisés dans Griffith Park (avec l'incontournable arrêt photo devant le panneau Hollywood). (323-796-8555 ; www.bikesandhikesla.com ; 8250 Santa Monica Blvd ; circuits sans/avec guide à partir de 39/52 $, location de vélo heure/jour à partir de 8,50/32 $)

Frederick R Weisman Art Foundation

MUSÉE

7 Hors plan p. 58, A2

L'entrepreneur Frederick R. Weisman avait une passion insatiable pour l'art, comme le prouve sa maison d'Holmby Hills. Du sol au plafond, la demeure (et son impeccable jardin) déborde d'extraordinaires œuvres de visionnaires comme Kandinsky, Miró, Magritte, Picasso, Rothko, Warhol, Rauschenberg et Ruscha. On y découvre même une moto peinte par Keith Haring. Appelez quelques jours avant pour réserver une visite. (310-277-5321 ; www.weismanfoundation.org ; 265 N Carolwood Dr ; gratuit ; visites guidées 1 heure 30 10h30 et 14h lun-ven, uniquement sur rdv)

Comprendre

Chefs médiatiques

WeHo bouillonne de chefs dont la renommée a largement dépassé les portes de leur cuisine. Le petit empire de la restauration de Jon Shook et Vinny Dotolo a commencé avec la création d'Animal (p. 85) et du **Son of a Gun** (8 plan p. 58, E4 ; 323-782-9033 ; www.sonofagunrestaurant.com ; 8370 W 3rd St ; plats 8-32 $; 12h-15h tlj, 18h-22h dim-jeu, jusqu'à 23h ven-sam ; bus MTA n°16) – aujourd'hui rejoints par 4 autres restaurants ; le succès du **Cousins Maine Lobster** (9 plan p. 58, D2 ; 424-204-9923 ; www.cousinsmainelobster.com ; 8593 Santa Monica Blvd ; plats 10-17 $; 11h-22h mar-dim, jusqu'à 21h lun ; P ; bus MTA n°4, 704) est exponentiel depuis sa sélection par l'émission de télé-réalité *Shark Tank* et Kris Yenbamroong a remporté le prix *Food & Wine* du meilleur nouveau chef en 2016 avec la cuisine thaïe du **Night + Market** (10 plan p. 58, C2 ; 310-275-9724 ; www.nightmarketla.com ; 9043 W Sunset Blvd ; plats 8-15 $; 11h30-14h30 mar-jeu, 17h-22h30 mar-dim). Même les étrangers à la ville s'y mettent, tel le New-Yorkais Danny Meyer qui y a ouvert un restaurant de sa marque de burgers gourmets **Shake Shack** (11 plan p. 58, D2 ; 323-488-3010 ; www.shakeshack.com ; 8520 Santa Monica Blvd ; burgers et hot dogs 3,50-10 $; 11h-23h30 ; P). Quant à Lisa Vanderpump, star de la télé-réalité, elle tient le **Pump** (12 plan p. 58, C3 ; 310-657-7867 ; www.pumprestaurant.com ; 8948 Santa Monica Blvd ; entrées 14-18 $, salades 14-26 $, plats dîner 18-38 $, plats brunch 14-24 $; 17h-2h lun-ven, à partir de 11h30 sam-dim ; P).

Greystone Mansion and Park ÉDIFICE NOTABLE

13 Plan p. 58, A2

Généreux présent du magnat du pétrole Edward L. Doheny à son fils, cette demeure de style néo-Tudor, œuvre de l'architecte du barrage Hoover Gordon Bernie Kaufmann, fut achevée en 1928. Si le bâtiment ne se visite que rarement, le parc qui l'entoure est superbe. Peut-être reconnaîtrez-vous la maison à votre arrivée : elle a en effet servi de décor à plus d'une soixantaine de films et séries ! Elle fut également le cadre d'une intrigue bien plus macabre : le propriétaire et son secrétaire y furent retrouvés morts en 1929, sans que l'enquête aboutisse jamais. (310-286-0119 ; www.greystonemansion.org ; 905 Loma Vista Dr ; accès libre ; 10h-18h mi-mars à oct, jusqu'à 17h nov-début mars ; P)

Paley Center for Media MUSÉE

14 Plan p. 58, A5

Mémoire de la TV et de la radio, ce bâtiment blanc conçu par Richard Meier en accueille les colossales archives, remontant à 1918 : la première apparition américaine des Beatles, dans l'*Ed Sullivan Show*, l'alunissage de 1969... tout est accessible. Des rencontres avec des acteurs de séries TV sont également organisées. (☎310-786-1091 ; www.paleycenter.org ; 465 N Beverly Dr ; don conseillé adulte/enfant 10/5 $; ⏰12h-17h mer-dim ; P)

Pacific Design Center
DESIGN

15 Plan p. 58, D3

Le design est à l'honneur à West Hollywood : le Pacific Design Center regroupe plus de 120 showrooms, et l'on trouve des dizaines d'autres boutiques dans les rues environnantes, notamment Beverly Blvd, Robertson Blvd et Melrose Ave. Les showrooms du PDC ne vendent en principe qu'aux pros, mais on peut souvent acheter au détail. (www.pacificdesigncenter.com ; 8687 Melrose Ave ; ⏰9h-17h lun-ven)

Se restaurer

EP & LP
SUD-EST ASIATIQUE **$$**

16 Plan p. 58, D3

Louis Tikaram, chef de l'année 2014 en Australie, a apporté les saveurs créatives et audacieuses de ses racines sino-fidjiennes – *kakoda* (ceviche à la fidjienne), Chiang Mai larb (salade où le saumon épicé remplace la viande) et poulet croustillant avec vinaigre noir, piment et citron – dans un quartier prisé de LA, à l'angle de Melrose Ave et de La Cienega Blvd. (☎310-855-9955 ; eplosangeles.com ; 603 N La Cienega Blvd ; petites assiettes 10-18 $, grandes assiettes 20-34 $; ⏰17h-2h lun-ven, à partir de 12h sam-dim)

Gracias Madre
VEGAN, MEXICAIN **$$**

17 Plan p. 58, C3

Qui pense encore que la cuisine vegan est fade et sans intérêt ? Certainement pas les clients de ce restaurant mexicain bio, qui viennent s'y régaler de *flautas* de patate douce, de "bacon" de noix de coco ou de "quesadillas" de plantain. Goûtez au "fromage" préparé à partir de noix de cajou, au "chorizo" fait de champignons, ou aux "crab cakes" aux cœurs de palmier. Charmante terrasse et intérieur cosy. (☎323-978-2170 ; www.graciasmadreweho.com ; 8905 Melrose Ave ; plats déj 10-13 $, dîner 12-18 $; ⏰11h-23h lun-ven, à partir de 10h sam-dim ; 🖉)

Joan's on Third
CAFÉ **$$**

18 Plan p. 58, E4

Ce café-traiteur, l'un des tout premiers de LA, est toujours l'un des meilleurs. Le café et les pâtisseries sont délicieux et le traiteur prépare de savoureux sandwichs et salades, à déguster sur la terrasse. (☎323-655-2285 ; www.joansonthird.com ; 8350 W 3rd St ; plats 10-16 $; ⏰8h-20h lun-sam, jusqu'à 19 dim ; 🖉 👪)

Nate'n Al
TRAITEUR **$$**

19 Plan p. 58, A5

Tout le monde – dont Larry King – se retrouve dans ce *deli* fondé en 1945. La longue carte affiche tous les classiques, du corned-beef au saumon fumé en passant par le bouillon aux boulettes de matza. Mention spéciale au pastrami, maison. (☎310-274-0101 ; www.natenal.com ; 414 N Beverly Dr ; plats 7-22 $; ⏰7h-21h ; 👪)

STEFANIE KEENAN/CONTRIBUTOR/GETTY IMAGES ©

Bar Marmont

Joss Cuisine

CHINOIS $$

20 Hors plan p. 58, A5

Ce restaurant chaleureux et intimiste, qui a notamment vu passer Barbra Streisand, Gwyneth Paltrow ou encore Jackie Chan, sert une excellente cuisine chinoise, sans glutamate et à prix raisonnables. À la carte, signalons notamment les dim sum, parfaits, le très bon bouillon de poisson au gingembre, les crevettes à la moutarde, croustillantes à souhait et l'excellent canard laqué. Tout est de qualité, et cela se sait : il est recommandé de réserver. (310-277-3888 ; www.josscuisine.com ; 9919 S Santa Monica Blvd ; plats 15-30 $; 12h-15h lun-ven, 17h30-22h tlj)

Real Food Daily

VÉGÉTALIEN $$

21 Plan p. 58, D3

Autrefois l'unique option savoureuse pour les végétaliens, cette célèbre cuisine du chef Ann Gentry satisfera même les carnivores les plus convaincus, avec, notamment, des tacos et des bols de riz macrobiotique. Presque tout y est bio, l'eau est filtrée et même les boîtes à emporter sont écologiques. Ouvert depuis 1993. (310-289-9910 ; www.realfood.com ; 414 N La Cienega Blvd ; plats 14-18 $; 11h-21h lun, jusqu'à 22h mar-ven, 10h-22h sam, 10h-21h dim ;)

Crossroads

VÉGÉTALIEN $$

22 Plan p. 58, E3

Célèbre pour sa cuisine végétalienne originale, Tal Ronnen concocte dans cet établissement chic des créations changeant au gré des saisons : "beignets de crabe" faits de cœurs de palmier, "huîtres" d'artichauts, aubergine en croûte de cèpes, pâtes et pizzas dont le "fromage" est fait à partir de noix. Bons cocktails. (323-782-9245 ; www.crossroadskitchen.com ; 8284 Melrose Ave ; plats brunch 7-14 $, plats dîner 12-22 $; 10h-14h tlj, 17h-22h dim-jeu, jusqu'à minuit ven-sam ;)

The Ivy

CALIFORNIEN $$$

23 Plan p. 58, C4

Entouré d'agences de mannequins et de boutiques de haute couture, ce cottage orné de fleurs et de coussins accueille depuis longtemps des

100% Los Angeles

WeHo version gay

Le quartier de Santa Monica Blvd, principalement entre Robertson Blvd et Palm Dr, est le cœur d'une vie nocturne gay très active. Autoproclamé "meilleur bar gay au monde", **The Abbey** (24 plan p. 58, C3 ; 310-289-8410 ; www.theabbeyweho.com ; 692 N Robertson Blvd ; 11h-2h lun-jeu, à partir de 10h ven, à partir de 9h sam-dim) est sans doute le plus célèbre de la ville – il a même sa propre émission TV. **Micky's** (25 plan p. 58, C2 ; www.mickys.com ; 8857 Santa Monica Blvd ; 17h-2h lun-jeu, jusqu'à 4h ven, 15h-4h sam, 14h-2h dim) réunit sur la piste de danse go-go danseurs et clientèle de *beautiful people* – les boissons sont toutefois un peu chères. Deux portes plus loin, **Fiesta Cantina** (voir 25 plan p. 58, C2 ; 310-652-8865 ; www.fiestacantina.net ; 8865 Santa Monica Blvd ; 12h-2h) est sans doute le bar préféré des jeunes gays d'une vingtaine d'années grâce à ses très longs *happy hours* et sa cuisine mexicaine abordable. De l'autre côté de la rue, le **Rage** (26 plan p. 58, C3 ; 310-652-7055 ; www.ragenightclub.com ; 8911 Santa Monica Blvd) organise des soirées à thème : asiatique, latino et comédie musicale le lundi. La clientèle est un peu plus âgée au **Trunks** (27 plan p. 58, C2 ; 310-652-1015 ; www.trunksbar.com ; 8809 Santa Monica Blvd ; 13h-2h), une maison en brique à l'éclairage tamisé, une adresse un peu plus authentique et un peu moins "paillettes" que la plupart des établissements de WeHo.

déjeuners d'affaires de célébrités. La cuisine du sud des États-Unis (poulet frit et beignets de crabe) y est élevée au rang de gastronomie. Service raffiné et impeccable. (310-274-8303 ; www.theivyrestaurants.com ; 113 N Robertson Blvd ; plats 22-97 $; 8h-23h ; P)

Connie & Ted's PRODUITS DE LA MER $$$

28 Plan p. 58, E2

Cette table du chef Michael Cimarusti sert une dizaine de variétés d'huîtres au bar, des palourdes frites, du poisson grillé (sauvage et d'élevages durables), du homard, ou encore des *lobster rolls*, servis froids avec mayonnaise, ou chauds, avec beurre fondu. La *shellfish marinara* est incontournable. (323-848-2722 ; www.connieandteds.com ; 8171 Santa Monica Blvd ; plats 13-44 $; 16h-22h lun-mar, 11h30-22h mer-jeu, 11h30-23h ven, 10h-23h sam, 10h-22h dim ; P)

Osteria Mozza ITALIEN $$$

29 Hors plan p. 58, H3

Dans son *osteria*, Mario Batali prépare d'excellents plats de saison, gastronomiques et inventifs, comme ces pâtes à l'encre de seiche et au crabe de Dungeness, oursin et jalapeño. Réservez. À côté, la **pizzeria**, plus abordable, propose des garnitures originales – fleurs de courgette, burrata crémeuse... (☎osteria 323-297-0100, pizzeria 323-297-0101 ; la.osteriamozza.com ; 6602 Melrose Ave ; pizzas 11-25 $, plats osteria 29-38 $; ⌚pizzeria 12h-minuit, osteria 17h30-23h lun-ven, 17h-23h sam, 17h-22h dim ; P)

Prendre un verre

Bar Marmont

BAR

30 Plan p. 58, E1

Élégant – plafonds hauts, moulures – mais pas snob, le bar du Chateau Marmont, véritable institution, sert de longue date ses excellents martinis à une clientèle composée de célébrités et de leurs aspirants. Venez en semaine si l'envie de croiser une star vous titille. (☎323-650-0575 ; www.chateaumarmont.com ; 8171 Sunset Blvd ; ⌚18h-2h)

Polo Lounge

BAR À COCKTAILS

31 Hors plan p. 58, A2

Habillez-vous en conséquence pour entrer dans le bar du Beverly Hills Hotel, petit pan d'histoire à lui tout seul : dans les années 1930, il était le lieu de prédilection des grands du cinéma. Charlie Chaplin y avait sa table (box n°1), et c'est ici que H.R. Haldeman et John Ehrlichman, conseillers du président Nixon, ont appris l'éclatement du scandale du Watergate en 1972. Brunch jazzy prisé le dimanche (adulte/enfant 75/35 $). (☎310-887-2777 ; www.dorchestercollection.com/en/los-angeles/the-beverly-hills-hotel ; Beverly Hills Hotel, 9641 Sunset Blvd ; ⌚7h-1h30)

Roger Room

BAR À COCKTAILS

Le Roger Room est si chic et tendance qu'il se passe d'enseigne : repérez plutôt celle du **Largo** (voir 35 ✪ Plan p. 58, D4) voisin. Habillés à l'ancienne, les barmen y servent de bons cocktails – des classiques tout droit venus de New York et de San Francisco – dans une jolie salle à l'éclairage tamisé. (☎310-854-1300 ; www.therogerroom.com ; 370 N La Cienega Blvd ; ⌚18h-2h lun-ven, à partir de 19h sam, à partir de 20h dim)

Beverly Hills Juice Club

BAR À JUS

32 Plan p. 58, E4

Ouverte à cet emplacement en 1979, cette adresse de jus frais et sains fut la première du genre à s'implanter en ville – Tom Waits et Rickie Lee Jones venaient s'y désaltérer entre deux concerts. On y croise toujours une clientèle d'habitués venus pour un shot de jus d'herbe de blé ou un milk-shake à la banane bio. Accompagnez le vôtre d'un shot d'algues. (☎323-655-8300 ; www.beverlyhillsjuice.com ; 8382 Beverly Blvd ; ⌚7h-18h lun-ven, à partir de 9h sam)

Cat & Fiddle

PUB

33 Hors plan p. 58, H3

Ce pub anglais apprécié vous donnera des envies de Grande-Bretagne avec ses ales britanniques (Newcastle Brown Ale, Old Speckled Hen) et son agréable atmosphère. Terrasse. (www.thecatandfiddle.com ; 742 N Highland Ave ; ⌚11h30-1h lun-ven, à partir de 10h sam-dim ; Wi-Fi)

Crumbs & Whiskers

BAR À CHATS

34 Plan p. 58, F3

Venir boire un café dans ce bar à chats à la devanture noire, le tout premier à s'être installé en ville, c'est aussi faire une bonne action. Les animaux sont en effet des rescapés de refuges, qui sont ici proposés à l'adoption. On peut donc se prélasser dans un futon tout en caressant un félin sans mauvaise conscience, mais gardez tout de même à l'esprit qu'ils ne sont pas à votre disposition – ce serait plutôt l'inverse. (323-879-9389 ; www.crumbsandwhiskers.com ; 7924 Melrose Ave ; 1 heure 15 semaine/week-end 22/25 $; 11h-19h45 jeu-mar ;)

Sortir

Largo at the Coronet

MUSIQUE LIVE, HUMOUR

35 Plan p. 58, D4

Depuis son ouverture en 1989 dans Fairfax Ave, le Largo a été un tremplin de la culture pop (il a notamment fait connaître Zach Galifianakis avant son rôle dans *Very Bad Trip*). Installé depuis 2008 dans les locaux du défunt Coronet Theatre, il accueille des humoristes engagés ou décalés et organise des soirées musicales – on peut notamment y écouter le Preservation Hall Jazz Band. (310-855-0530 ; www.largo-la.com ; 366 N La Cienega Blvd)

100% Los Angeles

Stars du rire et étoiles montantes

Certains des plus grands humoristes américains ont fait leurs premiers pas sur les scènes de WeHo. Le **Comedy Store** (36 plan p. 58, E1 ; 323-650-6268 ; www.thecomedystore.com ; 8433 W Sunset Blvd) a ainsi révélé Robin Williams ou David Letterman. Les Marx Brothers officiaient au **Laugh Factory** (37 plan p. 58, F1 ; 323-656-1336 ; www.laughfactory.com ; 8001 W Sunset Blvd), qui reçoit toujours de grands artistes. L'école d'impro et compagnie **The Groundlings** (38 plan p. 58, H3 ; 323-934-4747 ; www.groundlings.com ; 7307 Melrose Ave) a lancé Will Ferrell ou Maya Rudolph entre autres talents, tandis que l'**Improv** (39 plan p. 58, E3 ; www.improv.com ; 8162 Melrose Ave), où se sont produits Jerry Seinfeld ou Ellen DeGeneres, programme toujours de jeunes talents.

Roxy Theatre

MUSIQUE LIVE

40 Plan p. 58, C2

Incontournable, le Roxy fait partie du paysage de Sunset Blvd depuis 1973. Miles Davis, Jane's Addiction, David Bowie... Tous les grands noms s'y sont produits, et sa renommée dans le monde musical est toujours aussi grande. La taille modeste du lieu (500 places) garantit des concerts intimistes, au plus près des musiciens. (www.theroxy.com ; 9009 W Sunset Blvd)

Troubadour
SALLE DE CONCERTS

41 Plan p. 58, C3

Cette salle mythique a lancé depuis 1957 un bon millier de carrières, dont celles de James Taylor et de Tom Waits. Fréquentée par des amateurs de bière et de musique qui ne plastronnent pas, c'est toujours un excellent endroit pour découvrir les têtes d'affiche de demain. Venez tôt pour avoir une place au balcon. Pas d'âge minimum. (www.troubadour.com ; 9081 Santa Monica Blvd)

Vibrato Grill Bar
JAZZ

42 Hors plan p. 58, A3

Créé par la légende du jazz Herb Alpert et géré par sa fille, ce restaurant-club élégant et romantique jouit en outre d'une excellente acoustique. Six concerts y sont proposés chaque semaine et l'on peut y applaudir tant des artistes californiens – Freddie Ravel, le Joshua White Trio – que de grands noms de la scène internationale – Maria Elena Infantino y reprenait Edith Piaf et Dalida lors de nos recherches. Réservations (et tenues élégantes) sont vivement encouragées. (310-474-9400 ; www.vibratogrilljazz.com ; 2930 Beverly Glen Cir ; 17h-22h mar-jeu et dim, jusqu'à 23h ven-sam)

Whisky-a-Go-Go
MUSIQUE LIVE

43 Plan p. 58, C2

Fondée en 1964, cette ancienne légende de Sunset Strip – elle accueillit en leur temps les Doors ou Janis Joplin – se repose un peu sur sa gloire passée. On lui reconnaît notamment la paternité du "go-go dancing" – dans une version toutefois plus sage que l'acceptation moderne du terme. Aujourd'hui, la scène accueille généralement des concerts de hard rock et de heavy metal. Il n'y a pas d'âge minimum requis pour entrer. (310-652-4202 ; www.whiskyagogo.com ; 8901 W Sunset Blvd)

Nuart Theatre
CINÉMA

44 Hors plan p. 58, A5

Cette salle orientée art et essai présente le meilleur du cinéma indépendant – du culte au décalé, voire les deux en même temps. Vous pourrez assister à une séance interactive du *Rocky Horror Picture Show* (12 $) à minuit le samedi : des comédiens dans la salle rejouent des scènes du film en direct et font participer le public. N'oubliez pas votre papier toilette Scott, à jeter lors de l'apparition du Dr Scott à l'écran. (310-473-8530 ; www.landmarktheaters.com ; 11272 Santa Monica Blvd ; tarif plein/senior et enfant 11/9 $)

Shopping

Book Soup
LIVRES

45 Plan p. 58, C2

Une librairie indépendante où l'on s'enfonce pour découvrir des étagères débordant de littérature engagée, de romans ayant pour cadre Los

Book Soup

Angeles ou encore d'ouvrages sur les loisirs ou le voyage. Des signatures et des rencontres sont régulièrement organisées. (☎310-659-3110 ; www.booksoup.com ; 8818 W Sunset Blvd ; ⏲9h-22h lun-sam, 9h-19h dim)

Mystery Pier Books — COLLECTION

46 🔒 Plan p. 58, C2

Dans une cour dissimulée, cette librairie vend notamment des scénarios dédicacés de grands films et des éditions originales de Shakespeare (2 500-4 000 $), Salinger (21 000 $) et J.K. Rowling (30 000 $ minimum). (www.mysterypierbooks.com ; 8826 W Sunset Blvd ; ⏲11h-19h lun-sam, 12h-17h Sun)

Meltdown Comics & Collectibles — BD

47 🔒 Plan p. 58, G1

L'adresse à retenir si vous êtes en quête de bandes dessinées – du grand public au plus pointu –, de mangas, de romans graphiques ou produits dérivés liés à la BD. Lectures, rencontres... consultez la rubrique Nerdmelt du site pour le détail des animations qui y ont lieu. (www.meltcomics.com ; 7522 Sunset Blvd ; ⏲11h-21h mar-jeu, 10h-22h mer)

Barneys New York — GRAND MAGASIN

48 🔒 Plan p. 58, A5

À Beverly Hills, cette succursale du grand magasin le plus tendance

Comprendre
Melrose Avenue

La portion de cette avenue entre Fairfax et La Brea est connue autant pour l'excentricité de ses badauds que pour les objets que l'on y déniche. On y croise des gens (et des coiffures) de tous styles, et on y trouve des produits allant des bijoux rock aux baskets customisées, en passant par des animaux empaillés. Une destination idéale pour se composer un look : voir notre sélection d'adresses ci-dessous.

de New York propose sur 4 étages des article de mode (orientés luxe) pour homme et femme. On y trouve d'intéressantes pièces de marques européennes comme Givenchy et Gucci, ainsi que des pièces uniques de marques locales comme 3.1 Phillip Lim et Warm. Guettez les soldes de fin de saison. Au 4e étage du magasin, **Freds** (☎310-777-5877 ; www.barneys.com/store/R-store-902 ; plats 22-32 $; 11h-19h lun-sam, 11h30-18h30 dim) propose une cuisine goûteuse et une belle vue sur la ville. (☎310-276-4400 ; www.barneys.com ; 9570 Wilshire Blvd ; 10h-19h lun-mer, ven-sam, jusqu'à 20h jeu, 11h-18h dim ; wifi)

Reformation Vintage

MODE ET ACCESSOIRES

49 Plan p. 58, E3

Si les pièces de cette marque féminine née à Downtown en 2009, d'inspiration rétro, sont assez classiques, leur mode de production, lui, est plutôt novateur. Utilisant des tissus sélectionnés et recyclés, Reformation n'a pas besoin de teinture additionnelle pour ses vêtements et consomme moitié moins d'eau que la plupart des autres marques de mode. Elle tente aussi de minimiser les déchets tout au long de la chaîne de production. Cette adresse, où s'est ouverte la toute première boutique de la marque, a été récemment transformée en friperie. Pour découvrir les nouvelles collections, rejoignez la boutique **Reformation Melrose** (8000 Melrose Ave ; mêmes horaires), à 5 *blocks* en direction de l'est, sur le trottoir d'en face. (www.thereformation.com ; 8253 Melrose Ave ; 11h-19h lun-sam, jusqu'à 18h dim)

Fred Segal

MODE ET ACCESSOIRES

50 Plan p. 58, F3

Célébrités et personnes de goût – au portefeuille bien garni – trouveront ici les dernières pièces Babakul, Aviator Nation ou Robbi & Nikki. Pas de réductions, hormis durant les 2 semaines de soldes en septembre – n'espérez toutefois pas y faire des affaires phénoménales. (☎323-651-4129 ; www.fredsegal.com ; 8100 Melrose Ave ; 10h-19h lun-sam, 12h-18h dim)

Great Frog

BIJOUX

51 Plan p. 58, F3

Il flotte un esprit très rock'n'roll dans cette bijouterie spécialisée dans les bagues, les boucles d'oreille et les bracelets en argent – la devanture noire et la moto en vitrine annoncent la couleur. Vous y verrez notamment les bagues à tête de mort qui ont fait la renommée de cette marque londonienne née en 1972. Vous pourrez également y trouver quelques bijoux en or, ainsi que des boutons de manchette et des vestes en cuir. (☎323-879-9100 ; www.thegreatfroglondon.com ; 7955 Melrose Ave ; ⌚11h-19h lun-sam, 12h-18h dim)

The Record Collector

MUSIQUE

52 Plan p. 58, F3

Amateur de vinyles ? Ne manquez pas la boutique de ce disquaire, remplie du sol au plafond. Le personnel sera ravi de vous aider à trouver des pépites – notamment en jazz et en classique –, mais mieux vaut avoir une idée précise en tête pour que l'on puisse vraiment vous aider. Ouvert depuis 1974. (☎323-655-6653 ; 7809 Melrose Ave ; ⌚10h-17h tlj)

ASH

MODE ET ACCESSOIRES

53 Plan p. 58, G3

Cette boutique à la musique lancinante vend des vêtements streetwear et de créateurs, principalement pour hommes, avec des marques comme Iro-ichi (vestes en jean brodées) et Black Pyramid (ligne de vêtements du chanteur Chris Brown). Nous adorons la façon dont Rik Villa, créateur à LA, réutilise de vieux sacs et des jeans déstructurés pour créer des vestes cool et uniques. (A Sexy Habit ; ☎323-944-0529 ; 7614½ Melrose Ave ; ⌚12h-20h)

100% Los Angeles

Centres commerciaux

Pas le budget pour Rodeo Dr ? Vous devriez pouvoir combler vos envies de shopping dans ces *malls* prisés des habitants... Ou bien mettez le cap sur Melrose Ave (ci-contre), l'un des hauts lieux du shopping angeleno.

Dans Mid-City, **The Grove** (p. 88) rassemble une quarantaine de boutiques dans un vaste complexe italianisant.

Le **Beverly Center** (**54** plan p. 58, D4 ; ☎310-854-0070 ; www.beverlycenter.com ; 8500 Beverly Blvd ; ⌚10h-21h lun-ven, jusqu'à 20h sam, jusqu'à 18h dim) abrite les grands magasins Bloomingdale's et Macy's, ainsi que les boutiques d'une centaine de grandes marques.

Wasteland

FRIPERIE

55 Plan p. 58, G3

Très prisée, cette grande friperie raffinée propose jupes et hauts vintage, vestes à col en fourrure ou encore chemises en laine Pendleton. (www.shopwasteland.com ; 7428 Melrose Ave ; ⌚11h-20h lun-sam, à partir de 12h dim)

Les incontournables
Getty Center

Comment y aller

Le plus simple pour s'y rendre : l'I-405, sortie Getty Center Dr. Parking : 15 $

Les bus Metro n^{os}734 et 234 s'arrêtent devant l'entrée principale.

Sur son perchoir de milliardaire, bien au-dessus des rues bétonnées de LA, le Getty Center offre un triple régal pour les yeux : une collection d'art éblouissante (de la Renaissance à David Hockney), une architecture avant-gardiste et des jardins changeant au fil des saisons. Par temps clair s'ajoute une vue époustouflante sur la ville et l'océan.

Architecture de Richard Meier

Aussi célèbre pour sa forme que pour sa collection, le Getty Center est l'œuvre de l'architecte Richard Meier (prix Pritzker en 1984). Formes cubiques et circulaires dessinent les bâtiments de ce complexe moderne, achevé en 1997.

Les quelque 16 000 tonnes de dalles de travertin qui couvrent une partie de l'institution proviennent de la carrière italienne qui servit à la construction du Colisée de Rome. On peut y apercevoir des fossiles – coquillages, feuilles...

Jardin central

Nombre de visiteurs passent plus de temps dans les 40 ha du magnifique jardin central du musée, œuvre de Robert Irwin, que dans ses salles. Les méandres d'un ruisseau traversent et longent un labyrinthe de plus de 500 espèces de plantes.

Collection

Même si la collection d'art européen (XVIIe-XXe siècle) ne passionnera pas tout le monde, on y trouve des pépites. Le pavillon ouest est dédié aux sculptures néoclassiques et romantiques et aux arts décoratifs, le pavillon est, à la période baroque, et le pavillon nord, aux œuvres médiévales et de la Renaissance. Ne manquez pas les *Iris* de Van Gogh, les *Meules de foin, effet de neige, matin* de Monet, *L'Enlèvement d'Europe* de Rembrandt, et le *Vénus et Adonis* de Titien.

Expositions temporaires

Le centre accueille régulièrement des expositions temporaires thématiques – des statues antiques à l'art contemporain, en passant par les installations multimédias et les rétrospectives photographiques.

☎310-440-7300

www.getty.edu

1200 Getty Center Dr, accès par l'I-405 Fwy

Entrée libre

⌚10h-17h30h mar-ven et dim, jusqu'à 21h sam

À savoir

▶ Pour les enfants : visite multimédia Family Tour, galerie interactive Family Room, audioguides et librairie jeunesse.

▶ Des concerts de pop et de musiques du monde ont lieu dans la cour du centre lors des **Saturdays Off the 405** (www.getty.edu ; ⌚18h-21h sam mai-sept).

Une petite faim ?

Rejoignez le quartier de Sawtelle Japantown, à quelques kilomètres. **Tsujita LA** (☎310-231-7373 ; tsujita-la.com ; 2057 Sawtelle Blvd ; ramen 10-15 $; ⌚11h-1h30) et **Yakitoriya** (☎310-479-5400 ; 11301 W Olympic Blvd ; plats 2,50-27 $; ⌚18h-22h30 mer-lun) en sont d'excellentes adresses.

Explorer

Miracle Mile et Mid-City

Zone aux contours flous, Mid-City englobe le quartier très tendance de Fairfax, fief des juifs angelenos après la Seconde Guerre mondiale, le Miracle Mile – où le Museum Row concentre certains des meilleurs musées de la ville – ou encore les demeures cossues d'Hancock Park.

L'essentiel en un jour

Prenez des forces au **Republique** (p. 85), puis partez à la découverte des vastes collections du **LACMA** (p. 78) – après vous être assuré que les travaux de rénovation en cours ne touchaient pas les domaines qui vous intéressent – et jetez un coup d'œil en passant au **Wall Project** (p. 83). En famille, préférez peut-être une sortie au passionnant **La Brea Tar Pits** (p. 76), dont les fossiles et les squelettes de dinosaure ont toujours du succès auprès des plus jeunes, ou au **Petersen Automotive Museum** (p. 82), rutilant.

Le midi, poussez la porte de **Ray's** (p. 85) pour y déguster une cuisine américaine moderne ; pour plus de choix, reportez-vous sur les stands de l'**Original Farmers Market** (p. 84) où tous les affamés– même les plus difficiles – trouveront leur bonheur. Partez ensuite découvrir les belles maisons d'**Hancock Park** (p. 84). Et, si le temps n'est pas à la balade, allez voir deux films pour le prix d'un au **New Berverly** (p. 87).

Au dîner, les carnivores se précipiteront chez **Animal** (p. 85) – si vous êtes végétarien, optez plutôt pour **Escuela Taqueria** (p. 85). Après un digestif avalé à l'**El Carmen** (p. 86), dirigez-vous vers l'**El Rey** (p. 86) ou le **Mint** (p. 86) pour terminer la journée sur une note musicale.

Les incontournables

La Brea Tar Pits (p. 76)

LACMA (p. 78)

Le meilleur du quartier

Se restaurer

Canter's (p. 85)

Crossroads (p. 64)

Musées

LACMA (p. 78)

Petersen Automotive Museum (p. 82)

Wall Project (p. 83)

Prendre un verre

El Carmen (p. 86)

Comment y aller

Bus Le bus Metro n°14 parcourt Beverly Blvd ; les lignes 20 et 720 Wilshire Blvd.

Les incontournables
La Brea Tar Pits

Los Angeles abrite, en pleine ville – une rareté en soi –, rien de moins que l'un des plus riches et des plus célèbres gisements de fossiles au monde. Durant la période glaciaire, il y a 10 000 à 40 000 ans (pléitocène supérieur), des milliers de créatures périrent enlisées dans ces fosses à bitume ("tar pit"), où l'asphalte liquide affleure. Les squelettes furent ainsi protégés des outrages du temps, avant d'être découverts dans les années 1870. Un musée a été construit à proximité des fosses, où guides paléontologues et ateliers interactifs mettront en lumière ce formidable témoignage.

Plan p. 80, E4

www.tarpits.org

5801 Wilshire Blvd, Mid-City

tarif plein/étudiant et senior/ enfant 12/9/5 $, gratuit 1er mardi du mois sept-juin

9h30-17h

P

Project 23
Lors de la construction des parkings souterrains du LACMA, 16 gisements de fossiles ont été découverts, dont le squelette presque intégral d'un mammouth. Pour les préserver, les paléontologues ont installé 23 box à fossiles au musée. Les fouilles ont commencé en 2008 et les fossiles sont maintenant exposés au public. Pendant ce temps, 7 jours sur 7, les archéologues munis de pics, de burins, de marteaux et de brosses choient leurs merveilles, dans le cadre d'un projet qui ne s'achèvera pas avant plusieurs années.

Pit 91
Juste à l'ouest du musée, le puit 91 fut découvert lors d'une campagne de fouilles entre 1913 et 1915. Ce vaste regroupement de fossiles devait être laissé tel quel, à environ 2,7 m de profondeur, afin de présenter le travail des paléontologues. Éboulements et inondations recouvrirent bientôt les ossements, et le gisement fut abandonné jusqu'en 1969, lorsque reprirent les fouilles – pendant près de 40 ans, il fut le seul à être exploité, puis fut lancé le projet 23.

Collections
Tous les férus de paléontologie se pressent au Pit 91 et au Project 23, mais le musée abrite à lui seul 3,5 millions de fossiles. Mammifères (90% d'entre eux sont des carnivores), oiseaux (l'une des plus grandes collections au monde), plantes, invertébrés, poissons, amphibiens et reptiles : plus de 600 espèces préhistoriques sont représentées par plus de 10 000 créatures.

☑ À savoir

- Le cinéma 3D du Tar Pits diffuse tous les jours, de 10h à 16h, le film de 25 minutes *Titans of the Ice Age* (supp adulte/enfant 4/3 $).
- Le La Brea Tar Pits possède un nom quelque peu répétitif puisque *brea* signifie "goudron" en espagnol, tout comme "tar" en anglais.

Une petite faim ?

À quelques *blocks* du site, les étals de l'Original Farmers Market (p. 84) combleront toutes les faims.

Les incontournables
Los Angeles County Museum of Art

Plus important musée de la ville, le LACMA est également le plus vaste de la Côte Ouest. S'étendant sur 8 ha, ses collections de tableaux, sculptures et arts décoratifs traversent les âges et les frontières. Outre des merveilles mondiales et millénaires de grande valeur, les plus grands noms (Rembrandt, Cézanne, Magritte, Mary Cassatt ou encore Ansel Adams) hantent ses galeries. Les extensions achevées en 2010 par l'architecte Renzo Piano viennent encore magnifier le lieu, qui s'apprête à entrer dans une phase d'intense rénovation.

Plan p. 80, E4

323-857-6000

www.lacma.org

5905 Wilshire Blvd

tarif plein/réduit 15/10 $, avec expo 25 $, gratuit -18 ans

11h-17h lun, mar et jeu, 11h-20h ven, 10h-19h sam et dim

Pavillon japonais

Sculptures bouddhiques et shintoïstes, céramiques et laques antiques, textiles et armures, ou encore *Cerisiers en fleur au sanctuaire de Togoshu,* poétique gravure sur bois de Kasamatsu Shiro. Les pièces de ce pavillon très zen datent du IIIe millénaire av. J.-C. au XXIe siècle.

Collections

Parmi les récentes acquisitions, citons les grandes installations extérieures comme *Urban Light* (un arrière-plan surréaliste pour un selfie, composé de centaines de vieux lampadaires de Los Angeles) de Chris Burden, et *Levitated Mass* de Michael Heizer, un rocher de 340 tonnes en équilibre au-dessus d'un passage.

Rénovations

Le reste du complexe s'apprête à être rénové, selon un projet de l'architecte suisse Peter Zumthor. Le projet prévoit de raser une grande partie des actuels pavillons des années 1950 (où les travaux s'avèrent indispensables) pour les remplacer par des galeries en porte-à-faux au-dessus de Wilshire Blvd. Ce réaménagement devrait s'achever en 2023. Jusque-là, plusieures ailes resteront ouvertes (tel le pavillon japonais) et une partie de la collection sera exposée dans d'autres lieux de la ville.

Consultez le site buildinglacma.org pour connaître le programme des travaux et être informé sur les galeries qui restent ouvertes pendant la rénovation.

☑ À savoir

- Le 2e mardi du mois, toutes les collections sont en accès libre et les expositions sont gratuites.
- L'**Academy Museum**, qui accueillera le musée des Oscars, devrait ouvrir à côté du LACMA en 2019.
- Les amateurs de jazz viendront le vendredi soir pour les concerts **Jazz at LACMA** (entrée libre ; 18h ven), d'avril à novembre. Ils ont généralement lieu au niveau de l'entrée principale, près d'*Urban Light*.

Une petite faim ?

Face à l'entrée du musée, **Ray's** (p. 85) concocte une très bonne cuisine américaine moderne. Sinon, vous trouverez bien un *food truck* bon marché de l'autre côté de la rue.

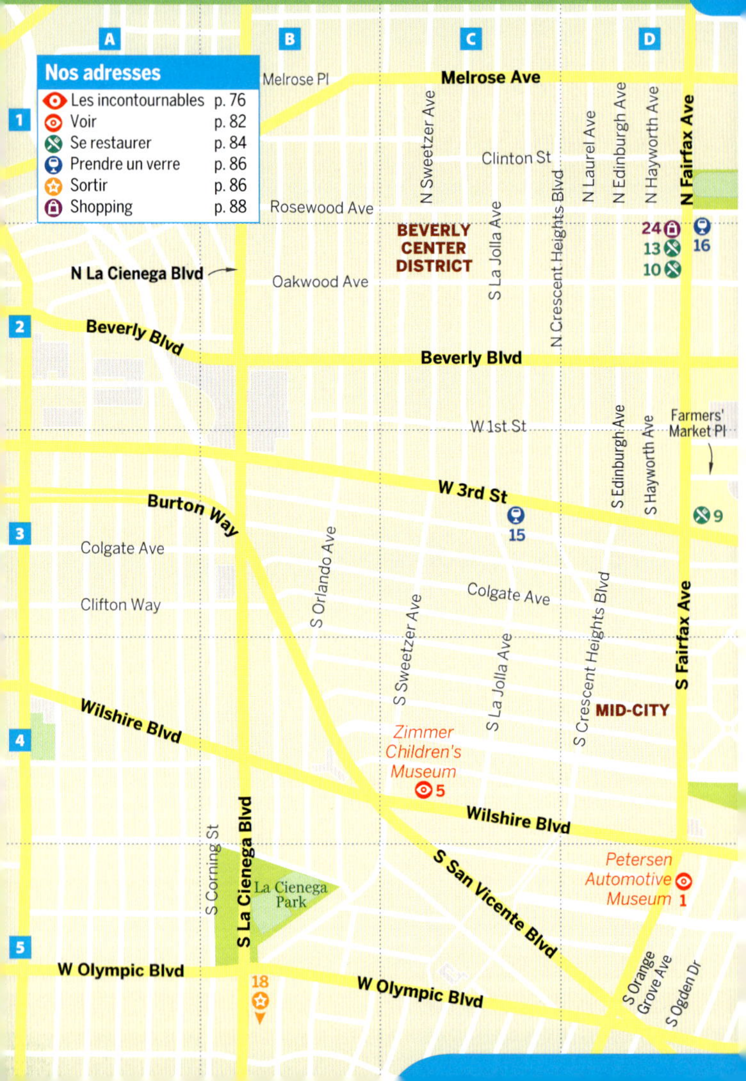
Nos adresses
Les incontournables p. 76
Voir p. 82
Se restaurer p. 84
Prendre un verre p. 86
Sortir p. 86
Shopping p. 88
A
B
C
D
1
2
3
4
5
Melrose Pl
Melrose Ave
Rosewood Ave
Oakwood Ave
N La Cienega Blvd
Clinton St
N Sweetzer Ave
S La Jolla Ave
N Crescent Heights Blvd
N Laurel Ave
N Edinburgh Ave
N Hayworth Ave
N Fairfax Ave
BEVERLY CENTER DISTRICT
24
13
10
16
Beverly Blvd
Beverly Blvd
W 1st St
S Edinburgh Ave
S Hayworth Ave
Farmers' Market Pl
W 3rd St
15
9
Burton Way
Colgate Ave
Clifton Way
S Orlando Ave
Colgate Ave
S Sweetzer Ave
S La Jolla Ave
S Crescent Heights Blvd
S Fairfax Ave
MID-CITY
Wilshire Blvd
Zimmer Children's Museum
5
Wilshire Blvd
S San Vicente Blvd
Petersen Automotive Museum
1
S Corning St
S La Cienega Blvd
La Cienega Park
W Olympic Blvd
18
W Olympic Blvd
S Orange Grove Ave
S Ogden Dr

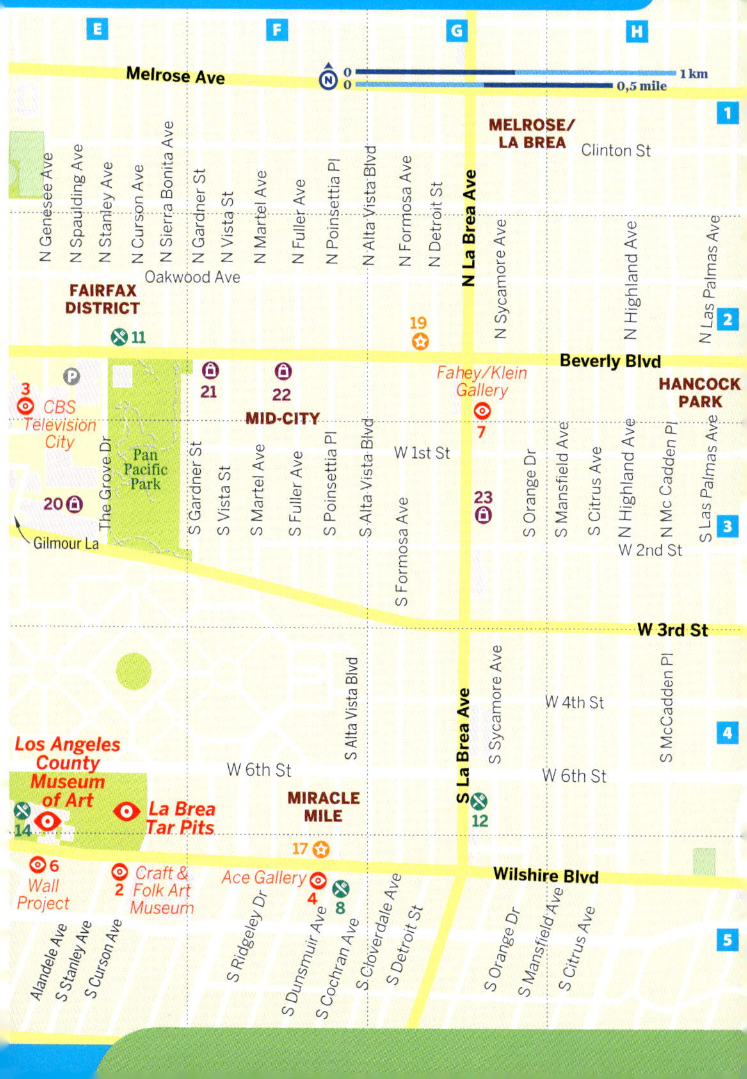

E
F
G
H
1
2
3
4
5
Melrose Ave
0
0
1 km
0,5 mile
MELROSE/
LA BREA
Clinton St
N Genesee Ave
N Spaulding Ave
N Stanley Ave
N Curson Ave
N Sierra Bonita Ave
N Gardner St
N Vista St
N Martel Ave
N Fuller Ave
N Poinsettia Pl
N Alta Vista Blvd
N Formosa Ave
N Detroit St
N La Brea Ave
N Sycamore Ave
N Highland Ave
N Las Palmas Ave
Oakwood Ave
FAIRFAX
DISTRICT
11
19
Beverly Blvd
3
CBS
Television
City
21
22
Fahey/Klein
Gallery
7
HANCOCK
PARK
MID-CITY
Pan
Pacific
Park
The Grove Dr
20
Gilmour La
S Gardner St
S Vista St
S Martel Ave
S Fuller Ave
S Poinsettia Pl
S Alta Vista Blvd
W 1st St
S Formosa Ave
23
S Orange Dr
S Mansfield Ave
S Citrus Ave
N Highland Ave
N Mc Cadden Pl
S Las Palmas Ave
W 2nd St
W 3rd St
S Alta Vista Blvd
S La Brea Ave
S Sycamore Ave
W 4th St
S McCadden Pl
Los Angeles
County
Museum
of Art
14
La Brea
Tar Pits
W 6th St
MIRACLE
MILE
12
W 6th St
17
Wilshire Blvd
6
Wall
Project
Craft &
2
Folk Art
Museum
Ace Gallery
4
8
Alandele Ave
S Stanley Ave
S Curson Ave
S Ridgeley Dr
S Dunsmuir Ave
S Cochran Ave
S Cloverdale Ave
S Detroit St
S Orange Dr
S Mansfield Ave
S Citrus Ave

Voir

Petersen Automotive Museum

MUSÉE

1 Plan p. 80, D5

Hymne à l'auto sur 4 niveaux, ce musée plaira même à ceux incapables de différencier un piston d'un carburateur. Relooké fin 2015 par Kohn Pedersen Fox, le bâtiment désormais rouge vif est orné de bandes d'acier brillantes qui ondulent. L'intérieur, autrefois désuet, est organisé autour de trois thèmes (histoire, industrie et design) et expose une centaine de modèles emblématiques – le reste de la collection est visible lors d'une visite guidée séparée (The Vault ; 20 $). (323-930-2277 ; www.petersen.org ; 6060 Wilshire Blvd ; tarif plein/senior et étudiant/enfant 16/13/8 $; 10h-18h ; P)

Craft & Folk Art Museum

MUSÉE

2 Plan p. 80, E5

Sur 3 étages, ce musée de l'artisanat expose le travail d'artistes locaux montants et de créateurs renommés du monde entier : tissage, broderie, travail du métal, reliure, céramique... Les expositions changent tous les 2 ou 3 mois ; des ateliers de découverte à destination des familles souvent organisés le dimanche. (323-937-4230 ; www.cafam.org ; 5814 Wilshire Blvd ; tarif plein/étudiant et senior/-10 ans 7/5 $/gratuit, don libre dim ; 11h-17h mar-ven, jusqu'à 18h sam-dim ;)

CBS Television City

STUDIOS TV

3 Plan p. 80, E2

Ces studios accueillent les tournages de certains des programmes de la chaîne : jeux, talk-shows, sitcoms... Réservez votre place dans le public sur le site on-camera-audiences.com. (www.cbs.com ; 7800 Beverly Blvd)

Ace Gallery

GALERIE

4 Plan p. 80, F5

Occupant un étage du Desmond Building, cette galerie s'est spécialisée dans l'art d'avant-garde. On peut ainsi y voir des toiles minimalistes, des installations vidéo, ou encore des rétrospectives de photographes comme Robert Mapplethorpe ou Philipp Lachenmann. (323-935-4411 ; www.acegallery.net ; 5514 Wilshire Blvd, 1er étage ; entrée libre ; 10h-18h mar-sam)

Zimmer Children's Museum

MUSÉE

5 Plan p. 80, C4

Installé dans le Jewish Federation Center, ce musée déborde de jeux et d'éléments interactifs qui enseignent en douceur tolérance, générosité et solidarité aux enfants, qui pourront s'y transformer en pilote d'avion, en médecin, en journaliste... Consultez le calendrier des ateliers sur le site Internet du musée. (323-761-8984 ; www.zimmermuseum.org ; 6505 Wilshire Blvd, Suite 100 ; 7,50 $; 10h-17h lun-jeu, jusqu'à 16h ven, 12h30-16h30 dim ; P)

CBS Television City

Wall Project

ART PUBLIC

6 Plan p. 80, E5

Des morceaux du mur de Berlin, décorés par des artistes comme Thierry Noir ou Kent Twitchell, ont été installés en face du LACMA en 2009 dans le cadre du Wall Project – ce projet d'envergure mondiale, à l'initiative du Wende Museum (voir p. 91) de Culver City, commémore les 20 ans de la chute du Mur. Il s'agit de sa plus grande section en dehors de l'Allemagne – les villes de Los Angeles et Berlin sont jumelées. (www.wendemuseum.org/collections/berlin-wall-segments ; 5900 Wilshire Blvd ; accès libre)

Fahey/Klein Gallery

GALERIE

7 Plan p. 80, G2

Rien de moins que la crème des photographes : des légendes vivantes, telles qu'Annie Leibovitz ou Peter Beard, des icônes disparues, comme William Claxton – célèbre pour ses portraits de jazzman dans les années 1960 – ou encore Jim Marshall, photographe attitré des rock stars. La galerie, désormais uniquement gérée par David Fahey, organise des expositions tournantes de son fonds de plus de 8 000 tirages, à raison d'un nouvel accrochage réunissant deux auteurs toutes les 5 semaines. (323-934-2250 ; www.faheykleingallery.com ; 148 N La Brea Ave ; 10h-18h mar-sam)

100% Los Angeles

Hancock Park

Délimité par Highland Ave à l'ouest, Rossmore Ave à l'est, Melrose Ave au nord et Wilshire Blvd au sud, ce quartier cossu est né dans les années 1920 sous l'impulsion du magnat du pétrole George Allan Hancock. Héritier des gisements de Rancho La Brea, il transforma une partie de ses terres en une zone résidentielle où les riches familles de la ville firent construire leurs demeures, toutes différentes, dans des styles bien souvent inspirés d'architectures plus anciennes – renouveau colonial espagnol, néo-Tudor, néocolonial... Mae West, Nat King Cole ou encore Melanie Griffith vécurent ici. Calme et arboré, ce charmant quartier est idéal pour une balade à pied ou à vélo, notamment aux alentours de Noël, lorsque les maisons sont couvertes de décorations et de guirlandes lumineuses.

Se restaurer

Yuko Kitchen JAPONAIS $

8 Plan p. 80, F5

Peint de couleurs vives, cet adorable café japonais fusion sert salades de sashimi, udon, bols de riz avec bœuf haché saveur miso, tofu grillé, œufs d'éperlan et de saumon épicés, sashimis de thon et généreuses assiettes déjeuner. Les "bowl-litos" sont des burritos japonais, enveloppés dans une algue nori. Superbes desserts. Personnel adorable. On peut également manger dehors. (323-933-4020 ; www.yukokitchen.com ; 5484 Wilshire Blvd ; plats 9-12 $; 11h-21h30 lun-sam ;)

Original Farmers Market MARCHÉ $

9 Plan p. 80, D3

Idéal pour manger un morceau à toute heure, en particulier avec des enfants. Les possibilités sont nombreuses : gombo, classiques de la cuisine *diner*, nouilles comme à Singapour et tacos, sur place ou à emporter. Juste à côté du Grove (p. 88). (323-933-9211 ; www.farmersmarketla.com ; 6333 W 3rd St ; plats 6-12 $; 9h-21h lun-ven, 9h-20h sam, 10h-19h dim ; P)

Lotería! Grill MEXICAIN $

Installé dans l'**Original Farmers Market** (voir 9 Plan p. 80, D3) depuis 2002, ce restaurant de tacos pourrait bien être à l'origine du regain d'engouement des Angelenos pour la cuisine mexicaine authentique. À la carte, *cochinita pibil* (porc mariné aux agrumes et à l'achiote), poulet *tinga* (mijoté avec piments chipotle et chorizo), salade de figue de Barbarie... Et, pour éviter d'avoir à choisir, commandez un assortiment de tacos. (323-930-2211 ; www.loteriagrill.com ; tacos et burritos 3,25-12 $, assortiments 13-19 $; 9h-21h lun-jeu, jusqu'à 22h ven-sam, jusqu'à 20h dim ; P)

Canter's
ÉPICERIE $$

10 Plan p. 80, D2

Cette épicerie à l'ancienne est un pilier du quartier juif de Fairfax depuis 1931. Dans une salle en longueur, on déguste les incontournables pastrami, corned-beef et soupe de boulettes de matza, à choisir parmi le vaste éventail de délices présentés dans les comptoirs vitrées.

Juste à côté, la petite scène du **Kibitz Room** a notamment accueilli Frank Zappa, Joni Mitchell et les Guns N' Roses. Des concerts y sont programmés presque chaque soir : accompagnez-les d'un cocktail. Agenda sur le site Internet. (323-651-2030 ; www.cantersdeli.com ; 419 N Fairfax Ave ; 24h/24 ; P)

Escuela Taqueria
MEXICAIN $$

11 Plan p. 80, E2

Dans cette *taqueria* haut de gamme, les végétariens opteront peut-être pour le piment *poblano* rôti au fromage Monterey Jack. Les amateurs de poisson choisiront le bar, les crevettes ou le homard. On y sert aussi des *carnitas* et un burger bœuf et cornichons. Pas d'alcool, mais on peut apporter sa bouteille (4 $/pers). (323-932-6178 ; www.escuelataqueria.com ; 7615 Beverly Blvd ; tacos et burritos 4-12 $; 11h-23h)

Republique
BISTRONOMIE $$$

12 Plan p. 80, G4

Une ambition gastronomique à la hauteur du bel aménagement intérieur. L'ancien Campanile a conservé son atrium avec ses arcades en pierre, sa salle lumineuse, parsemée de grandes tables en bois verni, et sa cuisine ouverte. D'autres tables sont installées dans la salle arrière. (310-362-6115 ; www.republiquela.com ; 624 S La Brea Ave ; plats déj/dîner 11-19/14-56 $; 8h-16h tlj, 17h30-22h dim-jeu, jusqu'à 23h ven-sam ; P)

Animal
GRILL $$$

13 Plan p. 80, D2

Les carnivores vouent un véritable culte à ce restaurant du quartier juif de Fairfax Ave – rien n'y est casher pour autant. Pour comprendre pourquoi, commencez par un toast de foie de volaille ou les tendons de bœuf épicés (avec un *pho* aux oignons grillés), puis enchaînez avec une cuisse de dinde fumée (avec céleri-rave et pomme), ou le foie gras façon *loco moco*. (323-782-9225 ; www.animalrestaurant.com ; 435 N Fairfax Ave ; plats 6-39 $; 18h-22h lun-jeu, jusqu'à 23h ven, 10h30-14h30 et 18h-23h sam, 10h30-14h30 et 18h-22h dim)

Ray's
AMÉRICAIN MODERNE $$$

14 Plan p. 80, E4

Ray's est à la hauteur de sa situation, sur la place du LACMA. Les menus – pizzas, saumon rôti à la purée de céleri et aux agrumes... – suivent les saisons et le restaurant possède un jardin où sont cultivés certains des ingrédients. (323-857-6180 ; www.raysandstarkbar.com ; 5905 Wilshire Blvd ; plats 17-36 $; 11h30-20h lun-mar et jeu, jusqu'à 22h ven, 10h-20h sam-dim ; P)

100% Los Angeles

Larchmont Avenue

Cafés de quartier, boutiques "classiques" et maisons "normales" : le quartier de Larchmont, à trois *blocks* à l'est d'Hancock Park et centré autour de l'avenue du même nom, est un havre de normalité au milieu de l'excentricité hollywoodienne.

Prendre un verre

El Carmen

BAR

15 Plan p. 80, C3

Les têtes de taureaux et les masques de catch mexicain créent un décor on ne peut plus typique pour cette taverne à mescal et à tequila (plus de 300 variétés) incontournable. Si vous ne connaissez pas la différence entre *añejo, reposado, blanco* et *mezcal*, optez pour la dégustation (à partir de 25 $) : vous aurez alors un aperçu de chaque. Une courte carte propose d'accompagner votre verre de *tamales*, de tacos et d'*enchiladas*. (323-852-1552 ; www.elcarmenla.com ; 8138 W 3rd St ; 17h-2h)

Stark Bar

BAR

Le bar à cocktails du **Ray's** (voir **14** Plan p. 80, E4) sélectionne rigoureusement ses fournisseurs, et l'on peut y boire une eau provenant d'Italie, des Fidji ou encore de Norvège. (voir p. 85)

Paramount Coffee Project

CAFÉ

16 Plan p. 80, D2

Tenu par un Australien, le PCP sert un excellent café importé de Sydney, et le lait d'amandes et de noix de macadamia est fait maison. Au menu : des petits-déjeuners et des sandwichs à toute heure, des plats de pâtes et des salades. Également à emporter. (323-746-5480 ; www.pcpfx.com ; 456 N Fairfax Ave ; 7h-17h lun-sam, à partir de 8h dim)

Sortir

El Rey

CONCERTS

17 Plan p. 80, F5

Tout en velours rouge et en lustres, cette salle de danse Art déco qui date de 1931 offre une acoustique remarquable et un excellent champ de vision. L'endroit peut accueillir près de 800 personnes mais semble plus intimiste. Il programme des groupes de reprises et des grands noms : consultez le site. (www.theelrey.com ; 5515 Wilshire Blvd)

Mint

CONCERTS

18 Hors plan p. 80, B5

Construite en 1937, cette salle intimiste – vous ne serez jamais à plus de 9 m de la scène – à la programmation jazz, blues et rock offre un palmarès d'artistes et un son sensationnels. Des légendes alors en pleine ascension, comme Ray Charles ou Stevie Wonder, s'y sont produites

Stand de crêpes, Original Farmers Market (p. 84)

et Ben Harper y a également fait ses débuts. (www.themintla.com ; 6010 W Pico Blvd ; billets 5-25 $)

Pacific Theatres at the Grove

CINÉMA

Installé dans **The Grove** (voir **20** Plan p. 80, E4), ce multiplexe de 14 salles, à la sonorisation optimale, offre un confort grand luxe avec ses gradins inclinables. Lors des séances familiales du lundi matin (*Morning Mommy Movies series*, 11h), les parents peuvent se faire une toile avec leur progéniture sans craindre les regards réprobateurs des autres spectateurs. (www.pacifictheatres.com ; 189 The Grove Dr ; adulte/senior et enfant 14,25/11,25 $;)

The New Beverly

CINÉMA REVIVAL

19 Plan p. 80, G2

Enterrée, la pellicule ? C'est sans compter sur l'amour que lui porte Quentin Tarantino. Ancien client fidèle, le réalisateur a racheté ce vétéran (à l'ère du tout-numérique et des multiplexes) à la mort de son propriétaire et y programme des films pour la plupart issus de son immense collection personnelle. Vous y verrez des classiques du cinéma indépendant et des perles rares, projetés en 35 mm (plus rarement en 16 mm). Et en séance double ! (323-938-4038 ; thenewbev.com ; 7165 Beverly Blvd ; séance double 8 $;)

The Grove

Shopping

The Grove

MALL

20 Plan p. 80, E3

Ce vaste complexe à l'architecture italianisante rassemble un cinéma (p. 87), des restaurants ainsi qu'une quarantaine de boutiques – mode, cosmétiques, décoration, accessoires... –, dont **American Girl Place** (www.americangirl.com ; 10h-19h lun-jeu, jusqu'à 21h ven-sam, jusqu'à 18h dim), temple de la poupée.

Vous y trouverez également le laboratoire de parfums **Le Labo** (www.lelabofragrances.com ; mêmes horaires que le centre). Créée à Grasse, cette marque a grandi outre-Atlantique, à New York, et a connu le succès grâce à ses compositions à base d'huiles naturelles – patchouli, vétiver, iris, ylang-ylang... en tout 15 fragrances, parmi lesquelles il suffit de faire votre choix. Également des gels douche, des lotions pour le corps et des huiles et des baumes de massage. La marque possède d'autres adresses en ville, dont une à West Hollywood (8385 W 3rd St). (www.thegrovela.com ; 189 The Grove Dr ; boutiques en général 10h-21h lun-jeu, jusqu'à 22h ven-sam, jusqu'à 20h dim ; P)

Espionage

FRIPERIE, DÉCO VINTAGE

21 Plan p. 80, F2

Une fabuleuse boutique rassemblant avec goût l'ancien et le neuf. Les bijoux sont magnifiques, de même que les flacons de parfum et les lourds cendriers rétro. Les sièges en cuir sont parfaitement assortis avec les tables en verre et laiton. Propose aussi une collection de vêtements vintage. (323-272-4942 ; www.espionagela.com ; 7456 Beverly Blvd ; 11h-18h mar-sam, 11h-17h dim)

Gibson

DÉCO VINTAGE

22 Plan p. 80, F2

Si vous aimez les intérieurs vintage, faites le détour par cette superbe boutique où (presque) tout, de la batte de base-ball aux fauteuils, des bureaux aux œuvres d'art, a vu le jour à une autre époque – ou a en tout cas été reproduit pour afficher ce look à l'ancienne. Son propriétaire est le fameux designer Gary Gibson. (323-934-4248 ; www.garygibson.com ; 7350 Beverly Blvd ; 10h-18h lun-ven)

American Rag Cie

VINTAGE

23 Plan p. 80, G3

Depuis 1985, ce bâtiment aux touches industrielles et aux dimensions de hangar approvisionne les modeux à l'affût des dernières tendances. Rejoignez-les dans leur chasse à la fripe. Quelques articles neufs aussi. Assez onéreux, mais cela vaut la peine de s'y arrêter. Coup de cœur pour les articles de maison rétro de la partie Maison Midi. (323-935-3154 ; www.amrag.com ; 150 S La Brea ; 11h-19h lun-jeu, 11h-20h ven-sam, 12h-19h dim)

Supreme

MODE

24 Plan p. 80, D2

Cette enseigne bien connue des skateurs et des amateurs de streetwear tendance hip-hop propose tous les blousons, hoodies, pantalons, T-shirts et accessoires de la marque, fondée en 1994 à New York. On y trouve également des planches de skate, des *trucks* et des roues. Il y a même un *bowl* dans le magasin ! (323-655-6205 ; www.supremenewyork.com ; 439 N Fairfax Ave ; 11h-19h lun-sam, 12h-18h dim)

100% Los Angeles
Le tour des galeries de Culver City

Comment y aller

Accessible par Robertson Blvd depuis Mid-City ou par Washington Blvd depuis Venice.

Les bus de Culver City desservent plusieurs zones de la ville, Santa Monica, Venice et West LA.

Durant la décennie précédente, cette proche banlieue distinguée mais sans prétention a fleuri naturellement sur les vestiges de studios de télévision sans âme, attirant les amateurs d'art, de culture et de gastronomie. Puis la crise de 2008 a frappé et Culver City n'a pas été épargnée, mais elle a tenu bon et a su retrouver ses galons dans la sphère de la branchitude tout en gardant une atmosphère cool.

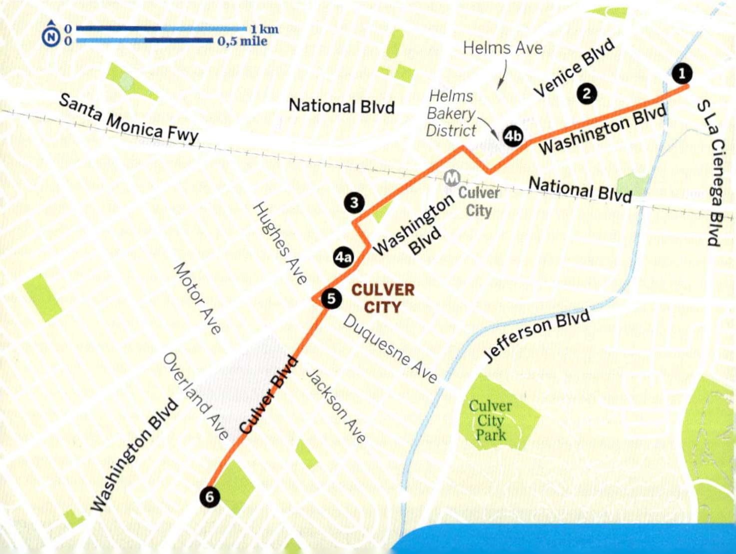

❶ Plaisir des yeux

Blum & Poe (☎310-836-2062 ; www.blumandpoe.com ; 2727 S La Cienega Blvd ; ⏲10h-18h mar-sam), haut lieu artistique du pays et poids lourd du Culver City Arts District, est la vitrine des stars internationales Takashi Murakami, Sam Durant et Sharon Lockhart.

❷ À la découverte du District

Poumon de la ville, le **Culver City Arts District** (culvercityartsdistrict.com ; La Cienega Blvd) commence au Helms Backery Complex, longe la portion est du Washington Blvd, puis remonte La Cienaga Blvd jusqu'au Venice Blvd.

❸ Étrange, avez-vous dit ?

Étonnamment, le **Museum of Jurassic Technology** (☎310-836-6131 ; www.mjt.org ; 9341 Venice Blvd ; tarif plein/réduit/-13 ans 8/5 $/gratuit ; ⏲14h-20h jeu, 12h-18h ven-dim) ne présente ni dinosaures ni quoi que ce soit en lien avec la technologie. Vous y verrez par contre des fourmis géantes du Cameroun, les sculptures microscopiques d'Hagop Sandaldjian, ou encore des portraits de chiens du programme spatial soviétique. Probablement le plus intrigant des musées angelenos.

❹ Cuisines créatives

L'**Akasha** (**4a** ; ☎310-845-1700 ; www.akasharestaurant.com ; 9543 Culver Blvd ; plats dîner/café 15-30/4-13,50 $; ⏲restaurant 11h30-14h30 et 17h30-21h30 lun-jeu, jusqu'à 22h30 ven, 10h30-14h30 et 17h30-22h30 sam, 10h30-14h30 et 17h-21h dim, café 8h-17h lun-ven, 9h-17h sam, 9h-21h dim) transforme des ingrédients 100% naturels en de savoureuses assiettes, petites – goûtez les dattes fourrées de chorizo et roulées au bacon – et grandes – ah ! ce plat de côtes braisées au zinfandel... Le **Lukshon** (**4b** ; ☎310-202-6808 ; www.lukshon.com ; 3239 Helms Ave ; plats 10-34 $; ⏲11h30-14h30 et 17h30-22h mar-jeu, jusqu'à 22h30 ven-sam) sert dans un cadre design une cuisine raffinée aux saveurs de l'Asie du Sud-Est. Au **Wild Craft** (**4a** ; ☎310-815-8100 ; www.wildcraftpizza.com ; 9725 Culver Blvd ; pizzas 14-20 $; ⏲12h-15h et 17h-21h lun, jusqu'à 22h mar-jeu, jusqu'à 23h30 ven, 11h-15h sam, 11h-15h et 17h-21h dim), installez-vous au bar en marbre et commandez une bière artisanale pour accompagner votre pizza croustillante.

❺ Kirk Douglas Theatre

Ancien cinéma, le **Kirk Douglas Theatre** (☎213-628-2772 ; www.centertheatregroup.org ; 9820 Washington Blvd) est un tremplin pour les auteurs de théâtre locaux, qui œuvre activement à l'éclosion artistique de Culver City.

❻ Musée du tournant

Fraîchement installé dans l'ancien National Guard Armory, le **Wende Museum** (☎310-216-1600 ; www.wendemuseum.org ; 10808 Culver Blvd ; entrée libre ; ⏲10h-21h ven, jusqu'à 17h sam-dim ; 🅿) se veut une mémoire de la vie quotidienne dans le bloc soviétique durant la guerre froide et la période de transition (Wende, "tournant" en allemand) qui a précédé la chute du mur de Berlin.

Explorer

Santa Monica

Petite sœur hippie-chic de Los Angeles, Santa Monica est un mélange de décontraction urbaine et d'ambiance balnéaire. Si touristes et artistes de rue se mêlent dans 3rd St Promenade, où s'alignent les boutiques de chaîne, un parfum plus authentique émane d'autres rues, comme Main St – un haut lieu du skate dans les années 1970 – ou l'élégante Montana Ave. Quant à l'immense plage, c'est sans aucun doute l'un des meilleurs endroits des environs pour apprécier le coucher du soleil.

L'essentiel en un jour

Au petit-déjeuner, régalez-vous d'un café et d'une pâtisserie du très prisé **Huckleberry** (p. 100) avant de descendre Wilshire Blvd jusqu'aux falaises de **Palisades Park** (p. 98). Les yeux rivés sur l'océan, marchez jusqu'à la **jetée de Santa Monica** (Santa Monica Pier ; p. 94) pour faire un tour de la grande roue du **Pacific Park** (p. 95), ou mêlez-vous aux pêcheurs au bout du ponton. Descendez ensuite sur la **plage** (Santa Monica Beach ; p. 94) et allez tremper vos orteils dans l'azur du Pacifique. Vous pouvez également enfourcher un vélo – il y a une station Breeze Bike Share à l'angle d'Ocean Ave et d'Olympic Dr – et faire une balade le long du front de mer pour vous mettre en appétit (p. 95).

Déjeunez d'une authentique cuisine mexicaine au **Tacos Por Favor** (p. 100) avant de visiter le **California Heritage Museum** (p. 98). Remontez ensuite tranquillement Main St pour gagner **3rd St Promenade** (p. 105) – ou la plage, s'il fait beau. Regagnez ensuite Palisades Park pour un coucher du soleil de carte postale.

Une fois les derniers rayons disparus à l'horizon, un dîner de haut vol vous attend au **Cassia** (p. 102), l'une des meilleures cuisines d'inspiration asiatique du pays, puis terminez la soirée au **Copa d'Oro** (p. 103) avec un bon cocktail.

Les incontournables

Santa Monica Pier et Santa Monica Beach (p. 94)

Le meilleur du quartier

Se restaurer

Cassia (p. 102)

Prendre un verre

Onyx (p. 103)

Chez Jay (p. 102)

Comment y aller

Métro léger Depuis Downtown, l'**Expo Line** gagne Santa Monica en 50 minutes environ.

Bus La compagnie **Big Blue Bus** est la meilleure pour circuler dans Santa Monica, avec des lignes vers le sud jusqu'à Venice et vers l'est jusqu'à Westwood et Downtown LA.

Vélo On trouve des stations **Breeze Bike Share** (vélos en libre-service ; santamonicabikeshare.com) un peu partout dans la ville.

Taxi Depuis l'aéroport LAX, le mieux est le taxi ou un service de VTC – emprunter le Big Blue Bus nécessite de faire des changements.

Les incontournables
Santa Monica Pier et Santa Monica Beach

Avec sa fête foraine, son vieux carrousel, sa grande roue, ses montagnes russes et son **aquarium** (☎310-393-6149 ; www.healthebay.org ; 1600 Ocean Front Walk ; adulte/enfant 5 $/gratuit ; 14h-18h mar-ven, 12h30-18h sam-dim ; ; Expo Line jusqu'à Downtown Santa Monica), la jetée de Santa Monica, construite en 1908, est l'endroit le plus intéressant de la ville. Mais le clou du spectacle, c'est la vue : on peut marcher jusqu'au bout de la jetée, se perdre dans la contemplation des vagues, ou se promener sur des kilomètres en longeant la baie.

Plan p. 96, A4

☎310-458-8901

www.santamonicapier.org

Grande roue de Pacific Park

Pacific Park

Petits et grands s'amusent sur la jetée, dans ce petit **parc d'attractions** (☎310-260-8744 ; www.pacpark.com ; 380 Santa Monica Pier ; manège 5-10 $, pass journée adulte/-8 ans 32,95/17,95 $, réductions en ligne ; ⏲tlj, horaires suivant la saison ; 👪 ; Ⓜ Expo Line jusqu'à Downtown Santa Monica) avec sa grande roue alimentée à l'énergie solaire, ses montagnes russes, ses manèges, ses jeux d'arcade et ses stands de restauration. Consultez le site Internet, qui propose des bons de réduction.

Plage

Il existe d'infinies possibilités pour profiter de cette **étendue de sable** (☎310-458-8300 ; www.smgov.net/portals/beach) longue de 5,6 km qui se déploit entre Venice Beach, au sud, et Will Rogers State Beach, au nord. Bain de soleil et baignade sont incontournables, mais vous pouvez aussi faire une partie de beach-volley – sport qui serait né ici dans les années 1920 –, faire quelques exercices de musculation à l'**Original Muscle Beach** (www.musclebeach.net ; 1800 Ocean Front Walk ; ⏲aube-crépuscule) ou, pour les plus cérébraux, prendre place à l'une des tables d'échecs de l'**International Chess Park** (☎310-458-8450 ; www.smgov.net ; Ocean Front Walk au niveau de Seaside Tce ; ⏲aube-crépuscule), juste au sud de la jetée de Santa Monica.

South Bay Bicycle Trail

Le **South Bay Bicycle Trail** (⏲aube-crépuscule ; 👪) est une piste cyclable parallèle au front de mer sur une grande partie des 35 km entre Will Rogers State Beach, à l'extrémité nord de Santa Monica, et Torrance County Beach, au sud.

☑ À savoir

- La jetée s'avance sur près de 400 m dans le Pacifique.
- Des concerts gratuits (Twilight Concert Series ; p. 104) et des projections de films en plein air y sont organisés en été.

Une petite faim ?

Installé dans les murs de l'ancienne boutique de surf et de skate Zephyr, le **Dogtown Coffee** (www.dogtowncoffee.com ; 2003 Main St ; ⏲5h30-17h lun-ven, à partir de 6h30 sam-dim) rend hommage à la culture glisse de la ville – il doit son patronyme au surnom donné par les skateurs à la partie sud de Santa Monica et à Venice (voir p. 119). On y déguste un excellent café et un succulent *burrito* – idéal pour prendre des forces avant d'aller enchaîner quelques *tricks*.

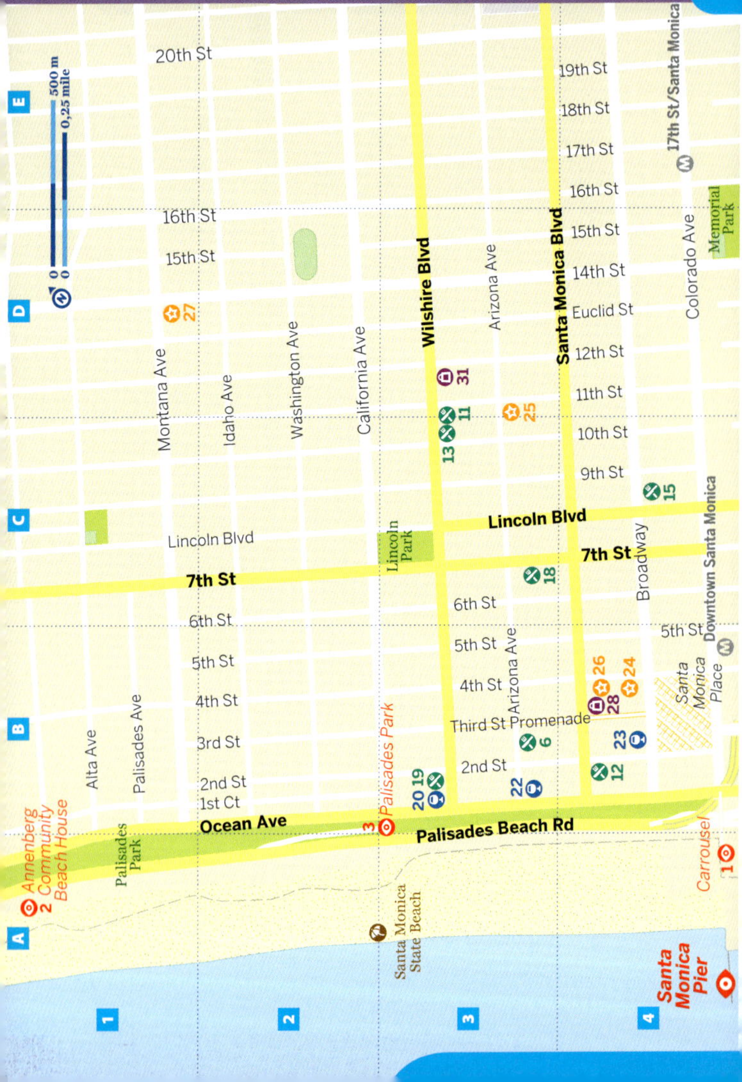

A
B
C
D
E
1
2
3
4
500 m
0,25 mile
0
0
20th St
16th St
15th St
Montana Ave
Idaho Ave
Washington Ave
California Ave
Wilshire Blvd
Arizona Ave
Santa Monica Blvd
19th St
18th St
17th St
16th St
15th St
14th St
Euclid St
12th St
11th St
10th St
9th St
17th St/Santa Monica
Colorado Ave
Memorial Park
Lincoln Blvd
7th St
6th St
5th St
4th St
3rd St
2nd St
1st Ct
Ocean Ave
Alta Ave
Palisades Ave
Palisades Park
Lincoln Park
Lincoln Blvd
7th St
6th St
5th St
4th St
Third St Promenade
2nd St
Arizona Ave
Broadway
5th St
Downtown Santa Monica
Santa Monica Place
Palisades Beach Rd
Santa Monica State Beach
Annenberg Community Beach House
2
3
Palisades Park
1
Carrousel
Santa Monica Pier
27
31
13
11
25
15
18
26
24
28
23
6
12
22
20
19

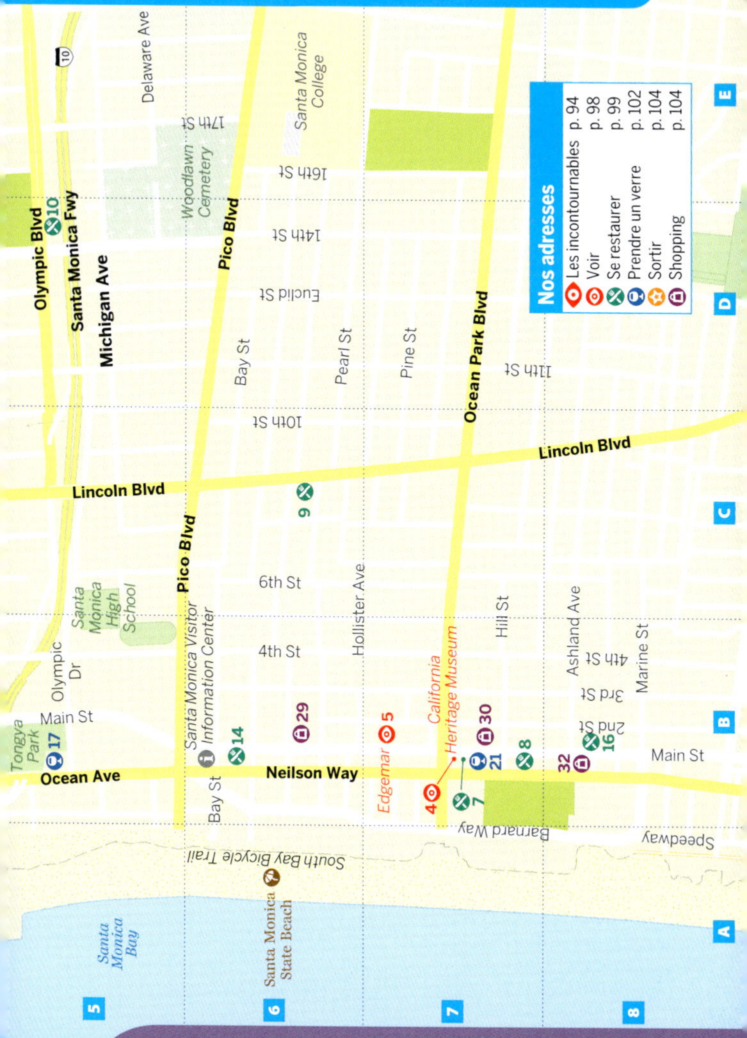
Nos adresses
Les incontournables p. 94
Voir p. 98
Se restaurer p. 99
Prendre un verre p. 102
Sortir p. 104
Shopping p. 104
Olympic Blvd
Santa Monica Fwy
Michigan Ave
Delaware Ave
17th St
Woodlawn Cemetery
Pico Blvd
Santa Monica College
16th St
14th St
Euclid St
Bay St
Pearl St
Pine St
Ocean Park Blvd
11th St
10th St
Lincoln Blvd
6th St
Hollister Ave
Hill St
Ashland Ave
4th St
3rd St
2nd St
Marine St
Main St
Santa Monica High School
Olympic Dr
Tongva Park
Ocean Ave
Santa Monica Visitor Information Center
Neilson Way
Edgemar
California Heritage Museum
Barnard Way
Speedway
South Bay Bicycle Trail
Santa Monica State Beach
Santa Monica Bay
A
B
C
D
E
5
6
7
8
10
17
14
29
9
5
4
7
21
30
8
32
16

100% Los Angeles

Surfer à Santa Monica

La glisse est une religion dans le sud de la Californie, et Santa Monica a son lot d'habitués venus surfer à la pause déjeuner. Envie de vous y mettre ? **Learn to Surf LA** (☎310-663-2479 ; www.learntosurfla.com) propose des cours accessibles à tous sur la plage de Santa Monica.

Voir

Carrousel

CARROUSEL

1 Plan p. 96, A4

Installé dans l'ancien hippodrome classé (1916) au début de la jetée, ce carrousel délicieusement rétro de 44 chevaux (accompagnés d'un lapin et d'une chèvre) charme petits et grands. (☎310-394-8042 ; Santa Monica Pier ; 👪)

Annenberg Community Beach House

CLUB DE PLAGE

2 Plan p. 96, A1

Construit sur l'ancienne propriété de l'actrice Marion Davies, cet élégant club de plage organisé autour d'une piscine propose cours de yoga et beach-volley entre autres activités. Une salle de fitness et une galerie d'art complètent l'offre, ouverte à tous. Sur la plage, à côté d'un café. (☎310-458-4904 ; www.annenbergbeachhouse.com ; 415 Pacific Coast Hwy ; heure/jour nov-mars 3/8 $, avr-oct 3/12 $, piscine tarif plein/senior/enfant 10/5/4 $; ⏲selon saison)

Palisades Park

PARC

3 Plan p. 96, B3

Perché sur une falaise au nord de la jetée, ce parc tout en longueur de 2,4 km, planté de palmiers, est le lieu favori des joggeurs et des badauds, venus y admirer un splendide coucher du soleil sur le Pacifique. (☎800-544-5319 ; Ocean Ave entre Colorado Ave et San Vicente Blvd ; entrée libre ; ⏲5h-minuit)

California Heritage Museum

MUSÉE

4 Plan p. 96, B7

Cette superbe maison victorienne de 1894 (l'une des rares encore sur pied en ville) présente une belle collection d'objets du quotidien issus des décennies précédentes : poteries, vieux meubles, planches de surf des années 1970... (☎310-392-8537 ; www.californiaheritagemuseum.org ; 2612 Main St ; adulte/étudiant et senior/-12 ans 5/3 $/gratuit ; ⏲11h-16h mer-dim ; P)

Edgemar

ÉDIFICE NOTABLE

5 Plan p. 96, B7

Si ce centre commercial bâti dans les années 1980 fait partie des premières réalisations du genre de Frank Gehry, il porte déjà certaines des marques caractérisques du style du créateur du Walt Disney Concert Hall (voir p. 124) : des lignes marquées par le mouvement, le refus d'une architecture froidement fonctionnelle... (☎310-924-9199 ; www.edgemar.com ; 2415-2449 Main St)

Carrousel du Santa Monica Pier

Se restaurer

Marchés

TOUT FRAIS **$**

Fruits et légumes bio, fleurs, pain, viennoiseries et huîtres fraîchement ouvertes : vous n'aurez vraiment fait le tour de Santa Monica qu'une fois exploré l'un de ses 4 marchés de producteurs. Les **marchés du mercredi et du samedi** (**6** plan p. 96, B3 ; www.smgov.net/portals/farmersmarket ; Arizona Ave, entre 2nd St et 3rd St ; 8h30-13h30 mer, 8h-13h sam) sont les plus grands et sans doute les meilleurs de la ville – de nombreux chefs s'y approvisionnent.

Le **marché du dimanche matin** (**7** plan p. 96, B7 ; plan p. 92, B7 ; 2612 Main St ; 8h30-13h30 dim) est une attraction en soi, avec concerts et ateliers pour les enfants. (www.smgov.net/portals/farmersmarket ;)

Sunny Blue

JAPONAIS **$**

8 Plan p. 96, B7

Cette boutique avec service au comptoir entend démocratiser les *omusubi* (aussi appelées *onigiri*) dans tout l'État. On garnit devant vous ces boulettes de riz d'une farce au choix – bœuf et miso, saumon épicé, poulet au curry... –, dont quelques options végétariennes – champignons et sauce miso, algues *hijiki* –, que l'on entoure ensuite d'une feuille d'algue *nori* séchée. Délicieux. (310-399-9030 ; www.sunnyblueinc.com ; 2728 Main St ; boulettes de riz à partir de 3,15 $; 11h-20h lun-jeu, jusqu'à 21h ven-sam, jusqu'à 19h dim ;)

Satdha
THAÏLANDAIS, VÉGÉTALIEN $

9 Plan p. 96, C6

Un peu excentré sur Lincoln Blvd, ce restaurant thaïlandais végétalien a su s'attirer une clientèle d'habitués avec ses beaux plats : endives garnies au “thon” (noix de cajou, noix de coco, gingembre, citronnelle, cacahuète), salades de pois gourmands ou de papaye verte, nouilles colorées à la betterave, aubergine servie comme du poisson-chat avec pâte de curry... Accueil agréable, bonne ambiance et décoration contemporaine. (310-450-6999 ; www.satdhakitchen.com ; 2218 Lincoln Blvd ; plats 11-13 $; 11h-15h et 17h-21h30 mar-dim ;)

Marché de Santa Monica (p. 99)

Tacos Por Favor
MEXICAIN $

10 Plan p. 96, D5

Défraîchi, ce boui-boui avec service au comptoir est si apprécié qu'il est très souvent bondé – la faute, sûrement, à son excellente carte, tellement longue que l'on pourrait manger ici pendant une semaine sans jamais commander la même chose. Les tacos de *carne asada,* de crevettes et de poulet sont parmi nos préférés. Et goûtez aussi aux burritos ! Service sans chichi dans des assiettes en carton. (310-392-5768 ; www.tacosporfavor.net ; 1408 Olympic Blvd ; tacos et burritos 2,75-9,50 $, assiettes 7,50-14 $; 8h-20h ; M Expo Line jusqu'à 17th St/Santa Monica College)

Huckleberry
CAFÉ $

11 Plan p. 96, D3

Partenaire du quatuor épicurien à l'origine du Cassia (p. 102), Zoe Nathan prépare des pâtisseries parmi les meilleures de la ville : barres de caramel salé, *crostata* débordant de myrtilles, biscuits sirop d'érable-bacon, citrouille et gingembre... Un simple toast avec un œuf sur le plat devient gourmand accompagné de bacon, gruyère, roquette et aïoli. (310-451-2311 ; www.huckleberrycafe.com ; 1014 Wilshire Blvd ; plats 10-14 $; 8h-17h)

Ye Olde King's Head
BRITANNIQUE $$

12 Plan p. 96, B4

Envie du meilleur *fish and chips* de LA ? Ce pub intemporel est un coin d'Angleterre sur la Côte Ouest.

100% Los Angeles

Jay

1959 et toujours le pied cette **gargote** (17 plan p. 96, w.chezjays.com ; 1657 Ocean Ave ; 5-14h et 17h30-21h30 lun-ven, 45 et 17h30-21h30 sam-dim) à la ration nautique a des airs de de cale qui lui vont bien. Idéal un verre, mais les plats de de et les fruits de mer ne sont mal non plus.

sia

SUD-EST ASIATIQUE $$$

Plan p. 96, C3

uis son ouverture en 2015, le cieux Cassia figure dans toutes les es locales et nationales des meilleurs staurants de Los Angeles grâce à n chef, Bryant Ng, qui a su intégrer n héritage sino-singapourien dans es plats. À la carte, *kaya toast* (avec confiture de coco, beurre et œuf à basse température), "sunbathing" *prawns* (crevettes) ou encore un phô (pot-au-feu vietnamien) qui rassemble plat de côtes, légumes, os à moelle et accompagnement dans un délicieux bouillon. (310-393-6699 ; www.cassiala.com ; 1314 7th St ; entrées 12-24 $, plats 18-77 $; 17h-22h dim-jeu, jusqu'à 23h ven-sam ; P)

Fig

BISTRO $$$

19 Plan p. 96, B3

Conçu dans un esprit bio, le restaurant aux influences moyen-orientales de l'hôtel Fairmont Miramar s'approvisionne pour l'essentiel au marché de producteurs qui a lieu deux fois par semaine dans la rue. Nous avons adoré le "bread balloon", un pain rond garni au choix d'houmous, de salade d'aubergine... ainsi que la pizza à la saucisse d'agneau et le poisson cuit au feu de bois et servi avec une crème de sésame. (310-319-3111 ; www.figsantamonica.com ; 101 Wilshire Blvd ; plats déj 13-24 $, dîner 18-34 $; 7h-14h et 17h-22h lun-ven, 7h-14h30 et 17h-22h sam-dim)

Prendre un verre

The Bungalow

BAR LOUNGE

20 Plan p. 96, B3

Le bar-*lounge* de l'hôtel Fairmont Miramar était l'un des plus branchés de Santa Monica à son ouverture il y a quelques années. Aujourd'hui, l'effervescence est un peu retombée et, comme dans la plupart des bars de Westside, la clientèle y est parfois trop masculine tard le soir. Ceci étant dit, le cadre toujours aussi élégant et les petits à-côtés (table de ping-pong, billard, agréable terrasse) sont très appréciables. (www.thebungalowsm.com ; 101 Wilshire Blvd ; 17h-2h lun-ven, 12h-2h sam, 12h-22h dim)

Basement Tavern

BAR

21 Plan p. 96, B7

Ce *speakeasy* installé au sous-sol du Victorian – notre bar préféré à Santa Monica – sert des cocktails originaux dans une ambiance intimiste... mais venez en semaine pour éviter l'affluence

Au petit-déjeuner, optez pour de simples toasts aux haricots… ou tournez-vous vers le très complet “king size English breakfast” – œufs, bacon, saucisses, etc. Au déjeuner, tous les classiques du pub sont proposés : *bangers and mash, shepherd's pie*, curry… (☎310-451-1402 ; www.yeoldekingshead.com ; 116 Santa Monica Blvd ; plats petit-déj 6-14 $, sandwichs et salades 10-15 $, plats 14-23 $; ⏲9h-22h lun-mer, jusqu'à 23h jeu-ven, 8h-23h sam, 8h-22h dim)

Santa Monica Seafood

PRODUITS DE LA MER **$$**

13 Plan p. 96, C3

Sans doute le meilleur marché au poisson du sud de la Californie. En plus d'un savoureux bar à huîtres, un traiteur permet de se restaurer sur place de délicieux *chowder* (soupes), de burgers au saumon, de sandwichs au thon ou encore de cabillaud poêlé. (☎310-393-5244 ; www.santamonicaseafood.com ; 1000 Wilshire Blvd ; entrées 7-15 $, plats 14-30 $; ⏲9h-21h lun-sam, jusqu'à 20h dim ; P)

Stella Barra

PIZZA **$$**

14 Plan p. 96, B6

Le Stella Barra est connu pour sa pizza blanche au chou craquant, et celle au jambon cru et œuf sur un lit de mozzarella et de gruyère. La saucisse de porc est faite maison, et les salades, délicieuses. Même le Bloody Mary (5 $) est convaincant. (☎310-396-9250 ; www.stellabarra.com ; 2000 Main St ; salades 10-11 $, pizzas 13-16 $;

Bon p

Un sandwic
à se damner

Bay Cities (15
baycitiesitaliandeli.c
Blvd ; sandwichs 5-9 $
mar-dim ; P) est tou
la meilleure épicerie
Los Angeles. Le Godr
salami, mortadelle, c
jambon cru, provolon
poivrons), épicé, est le
emblématique du lieu,
y trouverez aussi du rôti
des aubergines à la *parm*
de bonnes salades, ainsi
fromage, du pain et de l'hu
La terrasse, banale, est pro
circulation : prenez plutôt u
emporter et déjeunez sur la

⏲17h-minuit lun-jeu, 11h-1h ven, 10h-1 10h-22h dim)

Library Alehouse

CUISINE DE PU

16 Plan p. 96, B8

Les habitants viennent autant pour la cuisine que pour la bière dans ce pub gastronomique lambrissé, doté d'une terrasse cosy à l'arrière. Burgers de bœuf Angus, tacos de poisson et copieuses salades rassasient les trentenaires à la sortie du bureau, et 29 bières artisanales les retiennent jusqu'à minuit. (☎310-314-4855 ; www.libraryalehouse.com ; 2911 Main St ; plats 8-19 $; ⏲11h30-minuit lun-ven, à partir de 11h sam-dim)

BOB ROVER/ALAMY STOCK PHOTO ©

Twilight Concert Series (p. 104)

du week-end. Des concerts de blues, de jazz, de bluegrass et de rock sont régulièrement programmés. (www.basementtavern.com ; 2640 Main St ; 17h-2h)

Onyx

ROOFTOP

22 Plan p. 96, B3

Installé sur le toit de l'hôtel Shangri-La, ce bar ne manque pas d'atouts avec sa décoration influencée par les années 1970 – cheminée en cuivre, dalles hexagonales au plafond, bar taillé dans un immense bloc d'onyx –, ses espaces intérieurs et extérieurs et ses très bons cocktails, comme le TamieTini (vodka, basilic, fruit de la passion et cava) ou le mojito Shangri-La. Mais c'est la vue qui remporte tous les suffrages, qui porte de la jetée de Santa Monica jusqu'à Malibu. (www.shangrila-hotel.com ; Hotel Shangri-La, 1301 Ocean Ave ; 16h-24h lun-mer, jusqu'à 2h jeu, 15h-2h ven-sam, 15h-minuit dim)

Copa d'Oro

BAR

23 Plan p. 96, B4

Alcools haut de gamme, fruits, herbes et même quelques légumes frais : il n'en faut pas plus aux barmen de Copa d'Oro pour concocter les cocktails addictifs créés par le talentueux Vincenzo Marianella, mixologiste renommé. L'ambiance est rock ; la lumière tamisée, de rigueur. (www.copadoro.com ; 217 Broadway ; 17h30-minuit lun-mer, jusqu'à 2h jeu-sam)

Sortir

Twilight Concert Series

MUSIQUE LIVE

L'été, les habitants de la ville viennent en nombre se déhancher sur la jetée – et la plage en contrebas –, au son d'artistes comme Mavis Staples, Save Ferris ou les Psychedelic Furs. (www.santamonicapier.org/twilight ; entrée libre ; 19h-22h jeu juil-début sept)

Harvelle's

BLUES

24 Plan p. 96, B4

Cet antre du blues qui réunit les amateurs depuis 1931 conserve, on ne sait comment, des airs de secret bien gardé. Pas de grandes têtes d'affiche ici, mais la qualité est toujours au rendez-vous. Le dimanche, la soirée Toledo mêle soul, jazz et cabaret, tandis que la House of Vibe All-Stars du mercredi est placée sous le signe du funk. (310-395-1676 ; www.harvelles.com ; 1432 4th St ; entrée 5-15 $)

Broad Stage

THÉÂTRE

25 Plan p. 96, D3

Intégrée au Santa Monica College Performing Arts Center, cette salle dernier cri de 499 places propose une large programmation – du concert de jazz au théâtre d'avant-garde en passant par l'opéra, les lectures ou encore les spectacles pour enfants. Une autre salle, The Edye (100 places), assure la promotion des artistes émergents. (310-434-3200 ; www.thebroadstage.com ; 1310 11th St)

100% Los Angeles

Magicopolis

Il n'est pas nécessaire d'être un Harry Potter en herbe pour se laisser prendre par les tours de passe-passe, lévitation et autres numéros mis en scène dans cette **salle** (26 plan p. 96, B4 ; 310-451-2241 ; www.magicopolis.com ; 1418 4th St ; billets 24-34 $; 20h ven et sam, 14h sam et dim ;) intimiste. Ce voyage hors de la réalité dure environ 90 minutes. Sur place, on peut refaire son stock d'accessoires de magie à la boutique.

Aero Theater

CINÉMA

27 Plan p. 96, D1

Le tout premier cinéma de Santa Monica (env. 1940), désormais géré par l'American Cinematheque (p. 29), diffuse des classiques et organise des rencontres-débats avec de grands noms. Consultez l'agenda des événements sur le site Internet. (www.americancinematheque.com ; 1328 Montana Ave)

Shopping

Puzzle Zoo

JEUX

28 Plan p. 96, B4

Vous avez cherché en vain une statuette de Lando Calrissian dans toute la galaxie ? Vous devriez trouver votre bonheur dans ce magasin spécialisé dans les figurines de films, de séries et de dessins animés, qui propose également un vaste choix de puzzles, de jeux de société et de jouets. (☎310-393-9201 ; www.puzzlezoo.com ; 1411 3rd St Promenade ; 10h-22h dim-jeu, jusqu'à 23h ven-sam ;)

Vital Hemp

MODE ET ACCESSOIRES

29 Plan p. 96, B6

T-shirts, pantalons chinos en chanvre, sweats à capuche, accessoires : tout ici est fabriqué à Downtown LA dans une éthique écolo. Idéal pour adopter le look *casual* de la côte. (☎310-450-2260 ; www.vitalhemp.com ; 2305 Main St ; 10h-18h)

Ten Women

ART

30 Plan p. 96, B7

Cette galerie vend les créations d'une coopérative de 21 (anciennement 10, d'où le nom) artisanes. Les pièces changent, mais vous y trouverez des céramiques, des objets en bois, des tissus, des bijoux, etc. (☎310-314-9152 ; www.tenwomengallery.com ; 2651 Main St ; 12h-17h dim-lun, 11h-18h mar et jeu, 11h-16h mer, 10h-18h ven-sam)

Great Labels

MODE ET ACCESSOIRES

31 Plan p. 96, D3

Vous rêvez de pouvoir vous offrir une robe hors de prix ? Vous êtes au bon endroit. Ce dépôt-vente est spécialisé dans les vêtements et accessoires haut de gamme – de Pucci à Dior en passant par Prada et Jimmy Choo –, parfois portés par des célébrités lors d'événements particuliers. (☎310-451-2277 ; www.greatlabels.com ; 1126 Wilshire Blvd ; 10h-18h lun-sam, 11h-17h dim)

100% Los Angeles

Shopping à Santa Monica

S'étalant sur 3 *blocks*, entre Broadway et Wilshire Blvd, **Third Street Promenade** (plan p. 96, B3-B4 ; 3rd St entre Broadway et Wilshire Blvd) est l'une des principales artères commerçantes de la ville. Comptant une majorité de magasins de chaîne – n'espérez donc pas y trouver quelque chose d'original –, elle permet toutefois une balade tranquille car elle est réservée aux piétons. Nombre d'artistes de rue s'y produisent. À son extrémité sud, **Santa Monica Place** (plan p. 96, B4 ; www.santamonicaplace.com ; 395 Santa Monica Pl ; 10h-21h lun-sam, 11h-20h dim) est un centre commercial proposant une offre similaire de marques internationales.

Aura Shop

NEW AGE

32 Plan p. 96 B8

Connaissez-vous votre aura, ce champ énergétique qui rayonne autour du corps ? Les irradiations colorées qu'elle émet ont un sens... paraît-il. Bref, faites-la prendre en photo, faites-la interpréter, et faites-en ce que vous voulez. La boutique vend aussi livres, bougies et cristaux. (☎310-584-9998 ; www.aurashop.com ; 2914 Main St ; 11h-18h lun-sam, jusqu'à 17h dim)

Les incontournables
Malibu

Comment y aller

🚗 Empruntez l'I-10 jusqu'à Santa Monica puis longez la côte vers le nord sur la Pacific Coast Hwy.

🚌 Le bus express Metro 534 relie Santa Monica à Malibu en longeant le front de mer

S'étirant sur 44 km le long de la Pacific Coast Hwy, coincée entre ses plages immenses et les reliefs des Santa Monica Mountains, Malibu a longtemps été synonyme de surf et de stars. Moins sélecte que ne le laissent supposer les magazines, elle séduit néanmoins les célébrités depuis les années 1930 – ses grands espaces naturels y sont sans doute pour quelque-chose. Au nord de la ville, le montagneux **Malibu Creek State Park** (www.malibucreekstatepark.org ; Las Virgenes/Malibu Canyon Rd), sillonné de chemins de randonnée, a servi de cadre à de nombreux films et séries. Quant aux plages, vous aurez l'embarras du choix.

Surfrider Beach et jetée de Malibu

El Matador State Beach

El Matador (☎818-880-0363 ; 32215 Pacific Coast Hwy ; P) est sans doute la plage la plus spectaculaire de Malibu : après avoir garé sa voiture (parking payant), on suit un sentier qui descend au milieu des falaises jusqu'à une belle étendue de sable sauvage, où s'élèvent une arche et quelques rochers.

Getty Villa

Installé dans la copie d'une villa romaine du Ier siècle perchée à flanc de coteau, ce célèbre **musée** (☎310-430-7300 ; www.getty.edu ; 17985 Pacific Coast Hwy, Pacific Palisades ; entrée libre, parking 15 $; ⏰10h-17h mer-lun ; P 👪 ; 🚌ligne 534 jusqu'à Coastline Dr) expose sur 26 ha les superbes antiquités grecques, romaines et étrusques collectées par le magnat du pétrole J. Paul Getty. L'accès requiert une réservation en ligne.

Malibu Pier

La **jetée** (www.malibupier.com ; 23000 Pacific Coast Hwy ; ⏰6h30-crépuscule) marque le début du cœur commerçant de Malibu. Dédiée aux balades et à la pêche (pas de permis requis), elle offre une belle vue sur les surfeurs au large de Surfrider Beach. On peut y louer une canne avec moulinet (14 $/2 heures) et acheter des appâts (5 $).

Nobu Malibu

Appartenant à l'empire des restaurants japonais de luxe du chef Nobu Matsuhisa, cette **adresse** (☎310-317-9140 ; www.noburestaurants.com ; 22706 Pacific Coast Hwy ; plats 8-46 $; ⏰12h-22h lun-jeu, 9h-23h ven-sam, jusqu'à 22h dim ; P) de Malibu figure en bonne place sur la liste des lieux branchés de Los Angeles. Sorte de chalet moderne installé sur la plage, le lieu, très ouvert, dispose d'une terrasse donnant sur la mer.

☑ À savoir

- On peut se garer gratuitement sur la Pacific Coast Hwy – mais les places libres sont rares. Le prix des parkings varie (6-15 $) suivant les jours et les saisons.
- Préférez le milieu de semaine, notamment en été : les routes et plages de Malibu sont quasi désertes.
- Malibu est une destination idéale pour les familles. Les enfants peuvent s'amuser sur la plage et les parents, faire du shopping dans les magasins chics près de la Cross Creek Rd.

Une petite faim ?

Idéalement situées sur le Malibu Pier, les salles blanchies à la chaux du **Malibu Farm** (☎310-456-1112 ; www.malibu-farm.com ; 23000 Pacific Coast Hwy ; plats petit-déj 11-16 $, déj et dîner 13-32 $; ⏰7h-21h, jusqu'à 22h sam ; 🚌bus Metro n° 534) sont parfaites pour un brunch, une pizza ou un sandwich, composés d'ingrédients achetés directement aux producteurs.

Explorer

Venice

Vous auriez adoré vivre l'âge d'or hippie ? Descendez sur la promenade de Venice pour humer l'air empli d'effluves d'encens. Ce quartier balnéaire bohème est le refuge historique des artistes et des esprits libres des environs depuis les années 1950. Vous y croiserez presque autant de skateurs qu'à l'époque de Dogtown, et les culturistes fréquentent aussi assidûment Muscle Beach que lorsqu'un certain Arnold Schwarzenegger habitait le quartier.

L'essentiel en un jour

Faites le plein de protéines chez **Eggslut** (p. 114), puis cap sur la plage pour une matinée consacrée au farniente, à la nage ou au surf – trois activités phares à Venice.

Remettez-vous de vos émotions avec un déjeuner végétalien gourmand au **Plant Food + Wine** (p. 115), à déguster de préférence dans le jardin du restaurant. Flânez ensuite le long des boutiques d'**Abbot Kinney Blvd** (p. 113), redescendez tranquillement par les **canaux** (p. 113) avant d'aller prendre la température du quartier sur la **promenade de bord de mer** (p. 110). On y croise une foule bigarée d'artistes de rue, de skateurs et de surfeurs, de bodybuilders en chemin pour Muscle Beach, de vendeurs ambulants... Un petit spectacle en soi, et une balade très agréable.

Installez-vous pour un verre en hauteur au **High** (p. 116) et attendez d'avoir vu le coucher du soleil sur l'océan pour aller dîner au **Gjelina** (p. 115). Vous pourrez ensuite terminer la journée par un dernier verre au **Townhouse & Delmonte Speakeasy** (p. 116).

Les incontournables

Venice Boardwalk (p. 110)

Le meilleur du quartier

Se restaurer

Gjelina (p. 115)

Eggslut (p. 114)

Salt & Straw (p. 114)

Shopping

Abbot Kinney Blvd (p. 113)

Aviator Nation (p. 119)

General Admission (p. 118)

Comment y aller

Bus Les lignes Big Blue Bus n^{os}3 et 18 de Santa Monica circulent respectivement dans Lincoln Blvd et Abbot Kinney Blvd. La ligne n°3 dessert l'aéroport international de Los Angeles (LAX).

Les incontournables
Venice Boardwalk

À Venice, la vie s'écoule à un autre rythme, en particulier sur sa célèbre promenade, officiellement appelée Ocean Front Walk (promenade du Front de mer), qui tient à la fois du carnaval déjanté et de la cour des miracles à l'américaine – un must ! Vous croiserez probablement des Schwarzenegger en puissance, des aspirants basketteurs, un charmeur de serpents en slip de bain et un ménestrel sikh en rollers jouant des improvisations à la Jimi Hendrix.

Ocean Front Walk

Plan p. 112, A3

De Venice Pier jusqu'à Rose Ave

Le skatepark

Graffitis

Venice Beach a une longue histoire avec le *street art*, mais il aura fallu plusieurs décennies de bataille avec les autorités pour que les artistes jusque-là hors la loi l'emportent. Aujourd'hui, les Picasso des aérosols taguent en toute liberté (mais avec un permis) sur les tours et le mur en béton de **Venice Beach Art Walls** (www.veniceartwalls.com ; 1800 Ocean Front Walk, Venice ; 10h-17h sam-dim ;), près du skatepark.

Muscle Beach

Les adeptes de la musculation un brin exhibitionnistes pourront bronzer tout en soulevant de la fonte à **Muscle Beach** (310-399-2775 ; www.musclebeach.net ; 1800 Ocean Front Walk, Venice ; 10 $/journée ; 8h-19h lun-sam, 10h-16h dim avr-sept, horaires restreints le reste de l'année), célèbre espace de gym de plein air qui a vu Arnold Schwarzenegger sculpter son corps.

Venice Skatepark

Seul au monde à être installé sur une plage, ce **skatepark** (www.veniceskatepark.com ; 1500 Ocean Front Walk, Venice ; aube-crépuscule) est sorti du sable en 2009 après 20 ans de négociation entre la municipalité et les skaters de "Dogtown" (voir encadré p. 119). Sur 1 500 m^2 se succèdent *bowls*, rambardes, *snake*, escaliers et plateformes... avec vue imprenable sur l'océan entre deux ollies. Incontournable pour tout accro de la glisse, le site vaut également le coup d'œil si vous ne pratiquez pas vous-même : le spectacle y est permanent, généralement de très bon niveau, et le cadre assurément photogénique lorsque le soleil se couche.

À savoir

- Danse libre et improvisations : chaque dimanche après-midi, les cercles de percussions réunissent des centaines de danseurs et de curieux sur la pelouse et la plage.
- En été, la promenade est continuellement animée. Hors saison, les gens se pressent dans les bars, les cafés et sur les pistes cyclables au coucher du soleil.

Une petite faim ?

Établi en 1979 et récemment rénové, le **Rose Cafe** (310-399-0711 ; www.rosecafevenice.com ; 220 Rose Ave ; petit-déj 10-17 $, plats déj/dîner 10-28/20-32 $; 7h-22h mar-jeu, jusqu'à 23h ven, 8h-23h sam, 8h-22h dim ; P) est une institution du quartier. On y déguste salades, plats préparés et pâtisseries, que l'on peut emporter sur la terrasse bordée de haies ou déguster dans le jardin, plus chic.

Nos adresses

Voir

Abbot Kinney Boulevard QUARTIER

1 Plan ci-contre, B2

Abbot Kinney, fondateur de Venice au début du XXe siècle, serait probablement ravi de savoir que l'une des rues les plus appréciées du quartier porte son nom. Sorte de Melrose à la mer avec une touche vénitienne, la portion du boulevard entre Venice Blvd et Main St déborde de boutiques de luxe, de galeries et de superbes restaurants. Il y a quelques années, *GQ* l'a élue "rue la plus cool d'Amérique".

Canaux QUARTIER

2 Plan ci-contre, B4

Bien des Angelenos ignorent l'existence, à quelques rues seulement du front de mer, de ce quartier idyllique imaginé par Abbot Kinney (voir encadré p. 118) pour imiter les canaux de Venise et dont restent aujourd'hui quelque 5 km. On y croise de jolis ponts et demeures, des canards qui barbotent et des habitants qui se promènent en canot. Accès par Venice Blvd ou Washington Blvd.

Gold's Gym SALLE DE SPORT

3 Plan ci-contre, B1

Autoproclamée "Mecque du body-building", cette salle de sport fut fondée ici en 1965 avant d'essaimer dans tout le pays. Plusieurs générations de culturistes – dont Arnold Schwarzenegger – ont soulevé

Les canaux de Venice

de la fonte dans ce lieu, où furent tournées certaines scènes d'*Arnold le magnifique* (1977). (310-392-6004 ; www.goldsgym.com ; 360 Hampton Dr (appelée 2nd St) ; pass journée/semaine/mois 25/100/175 $; 4h-minuit lun-ven, jusqu'à 23h sam-dim)

LA Louver GALERIE

4 Plan ci-contre, A4

Fondée par Peter Goulds en 1975, cette excellente galerie a emménagé dans ce bel édifice en 1994, œuvre de l'architecte Frederick Fisher. Les expositions – art moderne et contemporain de qualité – changent toutes les 5 ou 6 semaines. (310-822-4955 ; www.lalouver.com ; 45 N Venice Blvd ; entrée libre ; 10h-18h mar-sam)

Comprendre

L'art de Rip Cronk

Plusieurs murs de Venice sont couverts des peintures géantes de cet artiste arrivé ici en 1979. Au détour d'une rue, vous pourrez ainsi tomber sur un **Jim Morrison** (*Morning Shot* ; plan p. 112, A4 ; 1881 Speedway) haut de 10 m, dénicher un hommage à la ***Nuit étoilée*** (*Homage To A Starry Knight* ; plan p. 112, A2 ; Ocean Front Walk, au niveau de Wavecrest Ave) de Van Gogh ou encore découvrir une interprétation très locale et personnelle de ***La Naissance de Venus*** (*Venice Kinesis* ; plan p. 112, A3 ; 25 Windward Ave) de Botticelli.

C.A.V.E.

GALERIE

5 Plan p. 112, A4

Cette galerie, l'une de nos préférées du quartier, a posé ses valises à Venice en 2008 après 7 ans d'itinérance. Les expositions – d'artistes émergents –, changent chaque mois. (310-428-6837 ; www.cavegallery.net ; 55 N Venice Blvd ; 12h-18h mer-sam, jusqu'à 16h dim)

Binoculars Building

ÉDIFICE NOTABLE

6 Plan p. 112, B1

Achevé en 1991 par Frank Gehry, l'ancien siège de l'agence de pub Chiat/Day accueille désormais une partie des bureaux de Google. La paire de jumelles au centre du bâtiment fut conçue par Claes Oldenburg et Coosje van Bruggen. (340 Main St ; ne se visite pas)

Se restaurer

Eggslut

PETIT-DÉJEUNER $

7 Plan p. 112, A3

L'une des adresses favorites des hipsters à l'heure du (petit-)déjeuner, qui viennent s'y rassasier d'un sandwich Fairfax – moelleux mélange d'œufs brouillés, d'oignons caramélisés et de mayonnaise au sriracha – ou de l'éponyme "slut" – un œuf mollet sur purée de pommes de terre, servi dans un pot en verre et accompagné de crostinis grillés. (424-438-7818 ; www.eggslut.com ; 1611 Pacific Ave ; plats 7-9 $; 8h-16h)

Salt & Straw

GLACES $

8 Plan p. 112, C3

Il semble y avoir toujours la queue devant cette succursale du glacier branché de Portland. Peut-être est-ce parce qu'il y a toujours une nouveauté à goûter : les audacieux parfums saisonniers changent tous les mois (légumes frais du marché, récolte de fin d'été). Consultez le site pour connaître les parfums actuels. (310-310-8429 ; www.saltandstraw.com ; 1537 Abbot Kinney Blvd ; glaces à partir de 4 $; 10h-23h)

Butcher's Daughter

VÉGÉTARIEN, CAFÉ $$

9 Plan p. 112, C3

Au comptoir central ou face au boulevard, savourez pizzas cuites dans un four en pierre, pâtes maison et bons plats de légumes tels que chou-fleur rôti et risotto à la courge butternut. Spacieux et agréable, l'établissement sert un excellent café. (310-981-3004 ; www.thebutchersdaughter.com ; 1205 Abbot Kinney Blvd ; plats 10-22 $; 8h-22h)

Gjusta

CALIFORNIEN **$$**

10 Plan p. 112, B2

Les propriétaires du Gjelina (ci-dessous) ont installé leur boulangerie-café-traiteur, gourmande, dans une boutique quelconque d'une petite rue cachée. Au menu, régulièrement renouvelé, figurent soupe de poulet, de chou et de raviolis, charcuterie maison, gravlax de saumon ou encore poitrine de bœuf Wagyu fumée. (310-314-0320 ; www.gjusta.com ; 320 Sunset Ave ; plats 7,50-20 $; 7h-21h)

Cerveteca

MEXICAIN **$$**

11 Plan p. 112, C1

Table mexicaine gourmande aux accents fusion (burger au chorizo et macaronis au fromage et bacon). La terrasse est attrayante, tout comme l'élégant intérieur, avec son grand comptoir en marbre et ses pressions artisanales. (310-310-8937 ; www.cervetecala.com ; 523 Rose Ave ; plats 12-21 $; 11h30-23h lun-ven, 10h30-15h et 16h-23h sam-dim)

Tasting Kitchen

ITALIEN **$$$**

12 Plan p. 112, C4

Du bar rôti en croûte de sel à l'onglet en croûte de cèpes, en passant par le burger et la caille, tout est bon ici – et tout particulièrement les pâtes (*bucatini* divines) et les cocktails.

À savoir

Venice végétalien

Les vegans se plairont à Venice : presque tous les restaurants proposent des options adaptées. Et, pour une cuisine conçue spécifiquement, choisissez **Plant Food + Wine** (13 plan p. 112, B2 ; 310-450-1009 ; www.matthewkenneycuisine.com/hospitality/plant-food-and-wine ; 1009 Abbot Kinney Blvd ; plats déj 14-22 $, dîner 17-24 $; 12h-16h lun-ven, 11h-16h sam-dim, 17h-23h tlj ;) ou **Café Gratitude** (14 plan p. 112, C1 ; 424-231-8000 ; cafegratitudevenice.com ; 512 Rose Ave ; plats 10-16 $; 8h-22h ;).

L'endroit est donc presque toujours bondé. Réservez. (310-392-6644 ; www.thetastingkitchen.com ; 1633 Abbot Kinney Blvd ; plats 16-40 $; 10h30-14h30 sam-dim, 17h30-minuit tlj)

Gjelina

AMÉRICAIN **$$$**

15 Plan p. 112, C3

Hipsters et jeunes cadres se mélangent autour de la table commune de ce restaurant qui incarne le visage moderne de Venice. À la carte, des assiettes imaginatives (sériole crue avec piment et menthe, trempée dans l'huile d'olive et l'orange sanguine) et de succulentes pizzas à pâte fine cuites au feu de bois. (310-450-1429 ; www.gjelina.com ; 1429 Abbot Kinney Blvd ; salades et pizzas 10-18 $, grandes assiettes 15-45 $; 8h-minuit ;)

100% Los Angeles

Venice à vélo

Envie de vous fondre parmi les habitants ? Déplacez-vous comme eux. On trouve des stations **Breeze Bike Share** (vélos en libre-service ; santamonicabikeshare.com) dans plusieurs endroits du quartier.

Prendre un verre

High ROOFTOP

16 Plan p. 112, A3

Perché sur le toit de l'hôtel Erwin, ce bar offre une vue de la plage d'un côté aux Santa Monica Mountains de l'autre. Dans les verres, les cocktails, originaux, changent en fonction de la saison : *julep* orange sanguine, *hot toddy* pomme citron, chocolat chaud mexicain avec tequila... Quelques plats pour accompagner le tout : miniburgers, mezze et sauce au crabe... Réservation conseillée. (424-214-1062 ; www.highvenice.com ; Hotel Erwin, 1697 Pacific Ave ; 15h-22h lun-jeu, jusqu'à minuit ven, 12h-24h sam, 12h-22h dim)

Intelligentsia Coffeebar CAFÉ

17 Plan p. 112, C3

Ce café au design minimaliste, organisé autour du bar, est tenu de main de maître par des baristas perfectionnistes. Accompagnez votre expresso d'un muffin, délicieux. (310-399-1233 ; www.intelligentsiacoffee.com ; 1331 Abbot Kinney Blvd ; 6h-20h lun-jeu, jusqu'à 22h ven, 7h-22h sam, 7h-20h dim ;)

Venice Ale House PUB

18 Plan p. 112, A1

Posée à l'extrémité nord de Venice, sur le front de mer, la terrasse de cet agréable pub est un bon spot pour observer le coucher du soleil tout en dégustant l'une des 30 bières artisanales à la pression. Les longboards suspendues au plafond et le rock en fond sonore donne le ton. Bonne cuisine. (www.venicealehouse.com ; 2 Rose Ave ; 10h-minuit lun-jeu, jusqu'à 2h ven, 9h-2h sam, 9h-minuit dim)

Townhouse & Delmonte Speakeasy BAR

19 Plan p. 112, A3

À l'étage, on trouve un bar défraîchi, cool et sombre, avec billards, box et bonnes boissons. En bas, c'est le *speakeasy*. Des DJ y mixent de la pop, du funk et de la musique électronique, et humoristes et musiciens jazz montent sur scène certains soirs. (www.townhousevenice.com ; 52 Windward Ave ; 17h-2h lun-ven, à partir de 12h sam-dim)

Venice Beach Wines BAR À VINS

Une petite adresse douillette, à 20 m de **Cerveteca** (voir 11 Plan p. 112, C1), où les tables rapprochées – et les nombreuses bouteilles – favorisent une ambiance conviviale. Vin au verre ou à la bouteille, que l'on y accompagne de charcuteries ou de *pizzettas*, entre autres amuse-bouches. (310-606-2529 ; www.venicebeachwines.com ; 529 Rose Ave ; 16h-23h lun-jeu, jusqu'à minuit ven, 12h-minuit sam, 12h-23h dim)

Townhouse & Delmonte Speakeasy

The Brig

BAR

20 Plan p. 112, C4

Ouvert depuis une soixantaine d'années, ce bar de quartier était autrefois tenu par une légende locale de la boxe, Philip "Babe" Brandelli – vous verrez son portrait dans le parking et l'enseigne d'époque a été conservée. Modernisé dans les années 1990, il n'a rien perdu de son charme et rassemble les habitués autour de son billard ancien, de ses cocktails et de son choix de bières. Le 1er vendredi du mois, lors des **First Fridays** (www.abbotkinneyfirstfridays.com ; 17h-23h 1er ven du mois), des *food trucks* investissent le parking. (www.thebrig.com ; 1515 Abbot Kinney Blvd ; 16h-2h lun-mer, à partir de 14h jeu-ven, à partir de 12h sam-dim)

Toms Flagship Store

CAFÉ

21 Plan p. 112, C3

Toms s'est fait connaître avec ses sympathiques chaussures en toile et ses programmes d'aide à destination des populations défavorisées. Le magasin phare de la marque se double d'un café très décontracté avec, à l'arrière, pelouse, cheminée, tables communes et coin détente au soleil ou à l'ombre. Excellente adresse. (310-314-9700 ; www.toms.com ; 1344 Abbot Kinney Blvd ; 7h-21h lun-sam, jusqu'à 20h dim ;)

Comprendre

Brève histoire de Venice

Ville indépendante jusqu'à son rattachement à Los Angeles en 1926, Venice n'est qu'un marais lorsqu'Abbot Kinney devient propriétaire du terrain au début du XXe siècle avec la volonté d'en faire une station balnéaire inspirée de la Venise italienne. C'est chose faite en 1905 : le magnat du tabac a creusé 25 km de canaux pour drainer l'eau, sur lesquels voguent des gondoles italiennes importées, et des constructions inspirées de la Renaissance émaillent le quartier. L'âge d'or de Venice dure ainsi une vingtaine d'années, durant lesquelles on se presse dans ses clubs et son parc d'attractions. La Prohibition porte au quartier un coup sévère, amplifié par un incendie majeur en 1920 et des coûts d'entretien de plus en plus importants. En 1929, la plupart des canaux sont comblés et transformés en routes pour permettre aux automobiles de circuler, et la découverte de pétrole dans les sous-sols met un terme à la vocation touristique de Venice. Le quartier, récemment rattaché à Los Angeles, se transforme peu à peu en ghetto où s'installent rescapés de l'Holocauste, marginaux puis beatniks et hippies, attirés par des loyers bas. Aujourd'hui, si l'esprit bohème perdure, les sociétés de high-tech et de divertissement qui s'installent dans le quartier alimentent un important embourgeoisement qui modifie à nouveau cette ancienne enclave paisible.

Shopping

General Admission MODE, ACCESSOIRES

22 Plan p. 112, B2

À une rue d'Abbot Kinney Blvd, ce magasin de vêtements et d'accessoires propose la panoplie complète du Californien cool : Converse vert sauge, planches de surf, lunettes de soleil, ligne de montres et serviettes chics aux imprimés d'art. Elle gère aussi le café installé dans une vieille caravane Airstream, garée dans le parking de l'autre côté de la rue. (310-399-1051 ; www.generaladmission.us ; 52 Brooks Ave ; 11h-19h)

Mystic Journey SPIRITUALITÉ

Non loin d'**Alexis Bittar** (voir 25 Plan p. 112, C4), ce temple dédié à toutes les spiritualités – hindoue, wiccane, magique... – vend des livres, des objets rituels – cloches, bols chantants, etc. –, des cristaux ou encore des huiles essentielles. Des lectures et des rencontres sont régulièrement organisées. On apprécie que cette institution du vieux Venice continue de prospérer malgré l'embourgeoisement du boulevard. (310-399-7070 ; www.mysticjourneybookstore.com ; 1624 Abbot Kinney Blvd ; 10h-20h dim-jeu, jusqu'à 23h ven-sam)

Waraku

CHAUSSURES

23 Plan p. 112, C3

Une petite boutique tenue par un Japonais pour les amateurs de baskets – de grandes marques comme Puma ou Converse mais surtout 60% de modèles importés du Japon, rares sous nos latitudes. (310-452-5300 ; www.warakuusa.com ; 1225 Abbot Kinney Blvd ; 10h-19h)

Aviator Nation

MODE

24 Plan p. 112, C3

Emblématiques de cette marque née dans un garage de Venice, les rayures jaune, orange et rouge se déclinent sur tous les articles de ce magasin – sweats, T-shirts, maillots... –, qui fleurent bon les années 1970. À l'arrière, un espace détente accueille parfois des concerts. (310-396-9100 ; www.aviatornation.com ; 1224 Abbot Kinney Blvd ; 10h-20h)

Alexis Bittar

BIJOUX

25 Plan p. 112, C4

Alexis Bittar a débuté en vendant ses bijoux sculptés à la main dans les rues de Manhattan. On les trouve désormais dans la boutique du MoMA. (310-452-6901 ; www.alexisbittar.com ; 1612 Abbot Kinney Blvd ; 11h-19h lun-sam, 12h-18h dim)

Burro

CADEAUX ET SOUVENIRS

L'une de nos boutiques préférées d'Abbot Kinney Blvd, à deux pas de **Gjelina** (voir 15 Plan p. 112, C3), orientée bobo-chic et commerce équitable. Elle propose des bougies d'aromathérapie, des livres d'art, quelques vêtements, des sacs de plage, des bijoux en perles... Magasin pour enfants 2 portes plus bas. (www.burrogoods.com ; 1409 Abbot Kinney Blvd ; 10h-19h)

Comprendre

De Venice à Dogtown

Tous les amateurs voient en Dogtown – surnom donné à Venice et la partie sud de Santa Monica par leurs habitants sur roulettes dans les années 1970 – le berceau du skate moderne. En 1976, un été particulièrement chaud impose des restrictions d'eau en Californie. Stacy Peralta, Jay Adams, Tony Alva et Jim Muir trouvent alors dans les piscines vides de nouveaux terrains d'exploration et mettent au point des figures inédites. Ces Z-Boys (du nom du magasin Zephyr, voir p. 95) viennent d'inventer le *bowl*, pièce maîtresse des skateparks modernes. Pour en apprendre davantage sur la culture skate, toujours très présente à Venice, regardez *Les Seigneurs de Dogtown*, de Catherine Hardwicke, ou le documentaire *Made in Venice*, de Jonathan Penson.

Strange Invisible

PARFUM

26 Plan p. 112, C3

Aquarian Rose, Fair Verona... Ces parfums envoûtants n'emploient que des ingrédients naturels et bio. (310-314-1505 ; www.siperfumes.com ; 1138 Abbot Kinney Blvd ; 11h-19h lun-sam, 12h-18h dim)

100% Los Angeles
Manhattan Beach

Les origines canailles de Manhattan Beach, bastion de la surf music, percent sous son vernis d'élégance. Si les restaurants et boutiques branchés ont envahi le centre-ville, près de Manhattan Beach Blvd, c'est du côté de la plage, où les vagues attirent une foule souriante arborant minibikinis et lunettes de soleil géantes, que tout se passe.

Comment y aller

Sur l'I-405, empruntez la sortie W Rosecrans Blvd et suivez la rue jusqu'à la plage. Vous pouvez également prendre la sortie vers Inglewood Ave et tourner en direction du sud. On coupe alors Manhattan Beach Blvd, qui mène à la plage.

Le bus Metro 126 rejoint la Green Line du métro à Redondo Beach et Hawthorne/Lennox Station

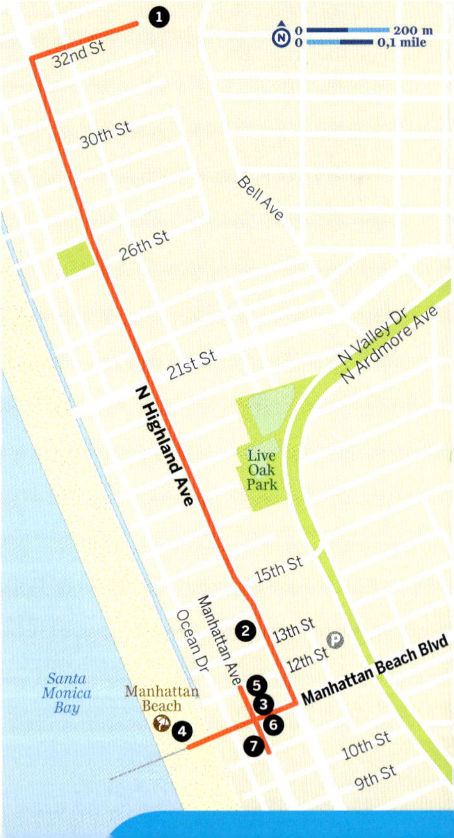

❶ Un terrain de jeux pour petits et grands

Le **Sand Dune Park** (☎310-802-5448 ; www.citymb.info ; angle 33rd St et Bell Ave ; ⊙sur réservation à partir de 8h tlj, horaires de fermeture variables ; 👪) abrite une immense dune de sable naturelle haute de 30 m, accessible uniquement sur réservation. Les grands s'adonneront au plaisir masochiste du jogging dans le sable, et les enfants, au plaisir innocent d'infinies roulades à flanc de dune.

❷ Uncle Bill's Pancake House

Uncle Bill's (☎310-545-5177 ; www.unclebills.net ; 1305 N Highland Ave ; assiettes 8-15 $; ⊙6h-15h lun-ven, 7h-15h sam et dim ; 👪) séduit tous azimuts avec ses célèbres pancakes et ses généreuses omelettes (essayez l'"Istanbul", à la dinde).

❸ Instantanés de célébrités

Fan de surf, de paysage ou juste de belles images ? Faites un saut à la **Bo Bridges Gallery** (☎310-937-3764 ; www.bobridgesgallery.com ; 1108 Manhattan Ave ; ⊙lun-mer 10h-18h, jeu-sam 10h-21h, dim 10h-16h). Le photographe s'est fait un nom en immortalisant les surfeurs, notamment Kelly Slater sur le Pipeline, avant d'étendre ses talents à d'autres horizons, notamment la photo animalière et les célébrités.

❹ Plage de rêve

Laissez vos orteils goûter la douceur de ce sable doré : entre les terrains de beach-volley, la jetée et sa vue époustouflante sur l'azur de l'océan, et le surf, dans l'eau ou depuis le sable, vous croiserez des Californiens charmants et enjoués qui semblent encore tout étonnés de la chance qu'ils ont de vivre ici.

❺ MB Post

La meilleure table de South Bay, branchée mais sympathique et sans chichis. **MB Post** (☎310-545-5405 ; www.eatmbpost.com ; 1142 Manhattan Ave ; petites assiettes 9-13 $, plats 11-39 $; ⊙17h-22h lun-jeu, 11h30-22h30 ven, 10h-22h30 sam, 10h-22h dim ; 👪) concocte des tapas inspirées des quatre coins du monde. Installez-vous aux longues tables collectives, dans le bar, ou réservez une petite table dans la salle à manger.

❻ Une pause fraîcheur sucrée

Ce n'est pas pour rien s'ils sont si nombreux à faire la queue devant la **Manhattan Beach Creamery** (☎310-372-1155 ; www.mbcreamery.com ; 1120 Manhattan Ave ; glaces 4-7 $; ⊙10h-22h dim-jeu, jusqu'à 23h ven-sam) : les crèmes glacées maison sont délicieuses, à déguster en pot, dans un cornet ou encore en sandwich entre deux cookies croustillants à souhait.

❼ Ercoles 1101

Contrastant avec les bars sportifs high-tech et couverts d'écrans géants de Manhattan Beach Blvd, **Ercoles** (☎310-372-1997 ; m.mainstreethub.com/ercoles1101# ; 1101 Manhattan Ave ; ⊙10h-2h) cache, derrière sa devanture rouge et vert, un bar sombre et patiné par le temps, où viennent s'abreuver vieux loups de mer, fêtards et habitués.

Explorer

Downtown

Jusqu'au début des années 2000, le cœur historique de la ville – et son principal quartier des affaires – se vidait dès la sortie des bureaux. Une quinzaine d'années plus tard, spectacles et concerts font le plein et les jeunes cadres ont réinvesti Downtown, attirant bars, restaurants et galeries d'art. Une bonne nouvelle pour ce quartier où les bâtiments à l'architecture remarquable côtoient des musées renommés et des salles de spectacle d'exception… mais également une pauvreté criante.

L'essentiel en un jour

Composez-vous un petit-déjeuner de gastronome aux étals du **Grand Central Market** (p. 133) avant d'aller faire le plein d'art contemporain au **Broad** (p. 130) – ou au **MOCA Grand** (p. 130) si vous n'avez pas réservé votre ticket à temps. Flânez ensuite dans le Financial District et n'oubliez pas de faire un saut au Pershing Square.

Déjeunez chez **Q Sushi** (p. 134), puis mettez le cap au sud pour visiter le fascinant **Grammy Museum** (p. 130). Vous devriez ensuite pouvoir arriver à temps au **Walt Disney Concert Hall** (p. 124) pour suivre la dernière visite guidée de la journée.

En été, le vendredi soir, débutez la soirée en musique : des concerts gratuits ont lieu sur **California Plaza** (p. 138). Sinon, rendez-vous sur le **toit de l'Ace Hotel** (p. 136) pour l'apéritif, avant d'aller dîner au **Maccheroni Republic** (p. 133). **Clifton's Republic** (p. 135) est une bonne adresse pour un dernier cocktail.

Pour une journée 100% Los Angeles moins axée sur les visites – et bien plus sur le shopping –, reportez-vous p. 126.

Les incontournables

Walt Disney Concert Hall (p. 124)

100 % Los Angeles

Shopping dans le Fashion District (p. 126)

Le meilleur du quartier

Se restaurer

Otium (p. 125)

Cole's (p. 133)

Prendre un verre

Upstairs at the Ace Hotel (p. 136)

New Jalisco (p. 136)

Comment y aller

Métro La Red Line relie Downtown à Silver Lake, Hollywood et Universal Studios ; la Gold Line dessert Pasadena ; l'Expo Line se rend à Exposition Park, Culver City et Santa Monica ; la Blue Line va à Long Beach.

Bus Les bus Metro desservent depuis le centre tous les quartiers de la ville. La navette LAX Flyaway (voir p. 183) part d'Union Station.

Les incontournables

Walt Disney Concert Hall

Mettant l'acier au service de la musique, Frank Gehry s'est surpassé pour créer cet Opéra aux allures psychédéliques. Le Los Angeles Philharmonic y est en résidence, mais l'Opéra accueille également des pointures du jazz comme Herbie Hancock et des groupes indé et des artistes plus pop comme Esperanza Spalding. Défiant la gravité, cette sculpture d'acier est une série de parois aux lignes souples évoquant un vaisseau futuriste sur une mer déchaînée.

Plan p. 128, E2

323-850-2000

www.laphil.org

111 S Grand Ave

entrée libre

visites guidées en général à 12h et 13h15 jeu-sam, 10h et 11h dim

Los Angeles Philharmonic

Pour admirer l'auditorium, il faut assister à un spectacle. La musique classique est à l'honneur – l'**orchestre philharmonique de Los Angeles** (☎323-850-2000 ; www.laphil.org ; 111 S Grand Ave), dirigé par le prodige vénézuélien Gustavo Dudamel, est ici à demeure –, avec des œuvres anciennes et contemporaines. Contrastant avec l'extérieur, l'auditorium habillé de bois de pin d'Oregon évoque le ventre tout en courbes d'un violoncelle de maître, avec ses rangées de sièges en terrasses enroulées autour de la scène centrale. Même les fauteuils autour de l'immense orgue, derrière la scène, offrent une vue excellente.

Redcat

Le **Redcat** (☎213-237-2800 ; www.redcat.org ; 631 W 2nd St), dont le nom est en fait l'acronyme du Roy and Edna Disney/Cal Arts Theater, est une sorte de laboratoire avant-gardiste possédant son propre auditorium (tarifs variables) et son propre hall d'exposition (gratuit, 12h-18h mar-dim) dans le complexe du Walt Disney Concert Hall. Son programme fascinant mélange théâtre, danse, musique, poésie et cinéma.

Grandes orgues

Don de la Toyota Corporation à la ville, cet étonnant instrument se compose de 6 134 tuyaux. Il fallut 2 000 heures pour l'accorder. Le plus long tuyau mesure près de 10 m et pèse plus de 360 kg. Acheminé par bateau depuis l'Allemagne, il excède les 40 tonnes. Des chiffres impressionnants pour un son qui ne l'est pas moins.

À savoir

- Des visites individuelles gratuites avec audioguide sont possibles presque tous les jours, de même que des visites guidées d'une heure.
- Vérifiez toujours les horaires des visites sur le site Internet.
- L'auditorium n'est pas compris dans les visites guidées.

Une petite faim ?

Marchez quelques mètres jusqu'au pavillon abritant **Otium** (☎213-935-8500 ; otiumla.com ; 222 S Hope St, Downtown ; plats 15-45 $; 11h30-22h mar-jeu, 11h30-23h ven, 11h-23h sam, 11h-22h dim ; wi-fi), où vous dégusterez une cuisine américane moderne et de saison accompagnée de cocktails originaux. Moins cher (mais tout aussi savoureux), le **Grand Central Market** (www.grandcentralmarket.com ; 317 S Broadway ; 8h-22h ; M Red/Purple Lines jusqu'à Pershing Sq) est à moins de 700 m.

100 % Los Angeles
Shopping dans le Fashion District

Ne vous attendez pas à trouver de grandes marques ici : plus proche du marché aux puces que de Rodeo Dr, ce dédale de grossistes et de boutiques qui s'étale au sud-ouest de Downtown sur une centaine de *block* est la destination idéale pour dénicher vêtements et accessoires à tous les prix. De nombreux marchands en gros vendent au détail le samedi – attendez-vous à faire la queue. Un plan du quartier est disponible sur www.fashiondistrict.org.

❶ Créateurs en herbe

Quoiqu'un peu excentré, le **Fashion Institute of Design and Merchandising** (☎213-623-5821 ; fidmmuseum.org ; 919 S Grand Ave ; gratuit ; ⏲10h-17h mar-sam pendant les expositions ; Ⓜ Red/Purple/Blue/Expo Lines jusqu'à 7th St/Metro Center), école privée tournée vers l'international, fait partie intégrante de l'âme du Fashion District, et sa galerie accueille d'intéressantes expositions temporaires. Programmation sur le site Internet.

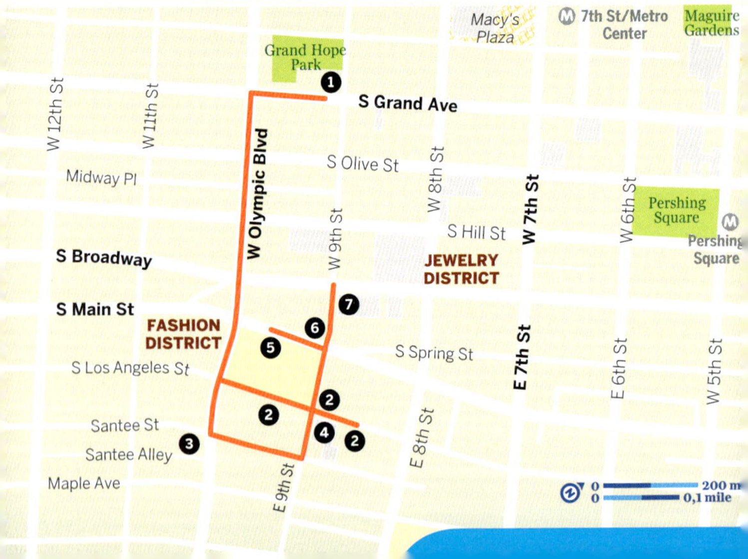

❷ Déstockages

Les déstockages ont généralement lieu le dernier vendredi du mois : c'est alors la ruée vers les showrooms, notamment ceux du **Cooper Design Space** (☎213-627-3754 ; www.cooperdesignspace.com ; 860 S Los Angeles St), de **New Mart** (☎213-627-0671 ; www.newmart.net ; 127 E 9th St) et du **Gerry Building** (www.gerrybuilding.com ; 910 S Los Angeles St).

❸ Le coin des bonnes affaires

Les boutiques de **Santee Alley** (www.thesanteealley.com ; angle Santee St et 12th St ; ⏲9h30-18h), ouvertes tous les jours, regorgent de bonnes affaires en tout genre : articles de créateur, robes de soirée kitsch, baskets, bijoux, lunettes, parfums...

❹ Petite faim

Reprenez des forces entre deux emplettes dans l'aire de restauration du **Market** (☎213-488-9119 ; www.marketrestaurants.com ; 862 S Los Angeles St ; plats 6-14 $; ⏲8h-16h lun-ven ; 📶🖋) avec un *pressed Cuban* (sandwich au porc citronné, jambon et manchego) ou une salade de thon grillé aux algues. Gardez de la place pour un ou deux cupcakes.

❺ Le cœur du quartier

Ce n'est peut-être plus le lieu le plus branché du quartier, mais le **California Market Center** (☎213-630-3600 ; www.californiamarketcenter.com ; 110 E 9th St) en demeure le centre, et accueille toujours des déstockages de créateurs (consultez le site Web). N'oubliez pas vos sacs et des liasses de billets (la plupart des vendeurs ne prennent pas la carte).

À savoir

Downtown Art Walks

Chaque mois, une cinquantaine de galeries – essentiellement entre 3rd St et 9th St, ainsi qu'entre Broadway et Main – ouvrent leurs portes en soirée pour des rencontres autour d'un verre. Les amateurs d'art envahissent alors le centre-ville. (www.downtownartwalk.org ; ⏲18h-22h 2e jeu du mois)

❻ Tchin-tchin

Le **Pattern Bar** (☎213-627-7774 ; www.patternbar.com ; 100 W 9th St ; ⏲12h-22h lun-jeu, 12h-2h ven-sam, 12h-20h dim ; 📶) sert des cocktails honorant les dieux de la mode dans une déco rétro (ventilateurs de plafond, sol à damier noir et blanc). Parlez chiffons en sirotant un *Chanel* à la tequila, ou un *McQueens* si êtes plus gin.

❼ Spectacles

L'**Orpheum** (☎877-677-4386 ; www.laorpheum.com ; 842 S Broadway), aujourd'hui le plus dynamique des cinémas historiques de Broadway, accueille régulièrement comédies musicales, concerts, spectacles comiques et galas. La somptueuse salle de style baroque français est ornée de draperies de soie, d'un plafond à caissons tapissé de feuilles d'or, d'une antique billetterie toute en cuivre et d'un authentique orgue Wurlitzer pouvant restituer plus de 1 400 sons d'orchestre. Un spectacle ici est une expérience unique.

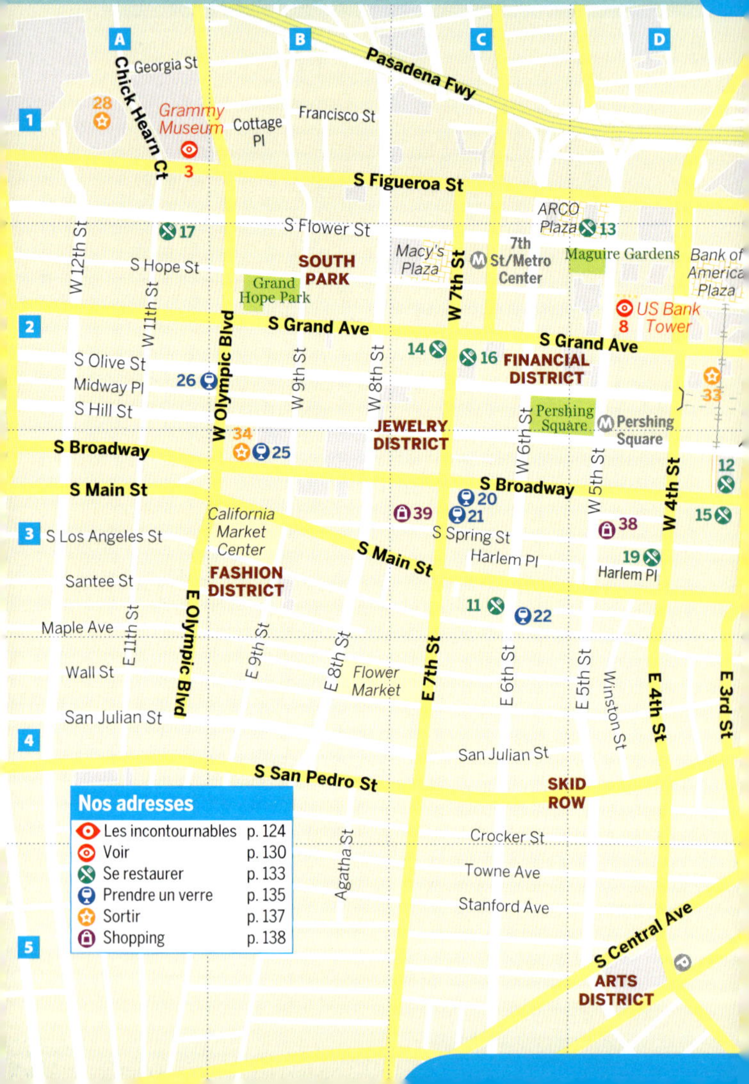
A
B
C
D
1
2
3
4
5
Georgia St
Chick Hearn Ct
Pasadena Fwy
Grammy Museum
Cottage Pl
Francisco St
S Figueroa St
ARCO Plaza
S Flower St
Macy's Plaza
7th St/Metro Center
Maguire Gardens
Bank of America Plaza
W 12th St
S Hope St
SOUTH PARK
Grand Hope Park
W 7th St
US Bank Tower
W 11th St
S Grand Ave
S Grand Ave
FINANCIAL DISTRICT
S Olive St
Midway Pl
S Hill St
W Olympic Blvd
W 9th St
W 8th St
Pershing Square
Pershing Square
W 6th St
S Broadway
JEWELRY DISTRICT
S Main St
S Broadway
W 5th St
W 4th St
California Market Center
S Los Angeles St
S Spring St
Harlem Pl
Harlem Pl
S Main St
Santee St
FASHION DISTRICT
E Olympic Blvd
Maple Ave
E 11th St
E 9th St
E 8th St
Flower Market
E 7th St
E 6th St
E 5th St
Winston St
E 4th St
E 3rd St
Wall St
San Julian St
San Julian St
S San Pedro St
SKID ROW
Crocker St
Agatha St
Towne Ave
Stanford Ave
S Central Ave
ARTS DISTRICT
Nos adresses
Les incontournables p. 124
Voir p. 130
Se restaurer p. 133
Prendre un verre p. 135
Sortir p. 137
Shopping p. 138

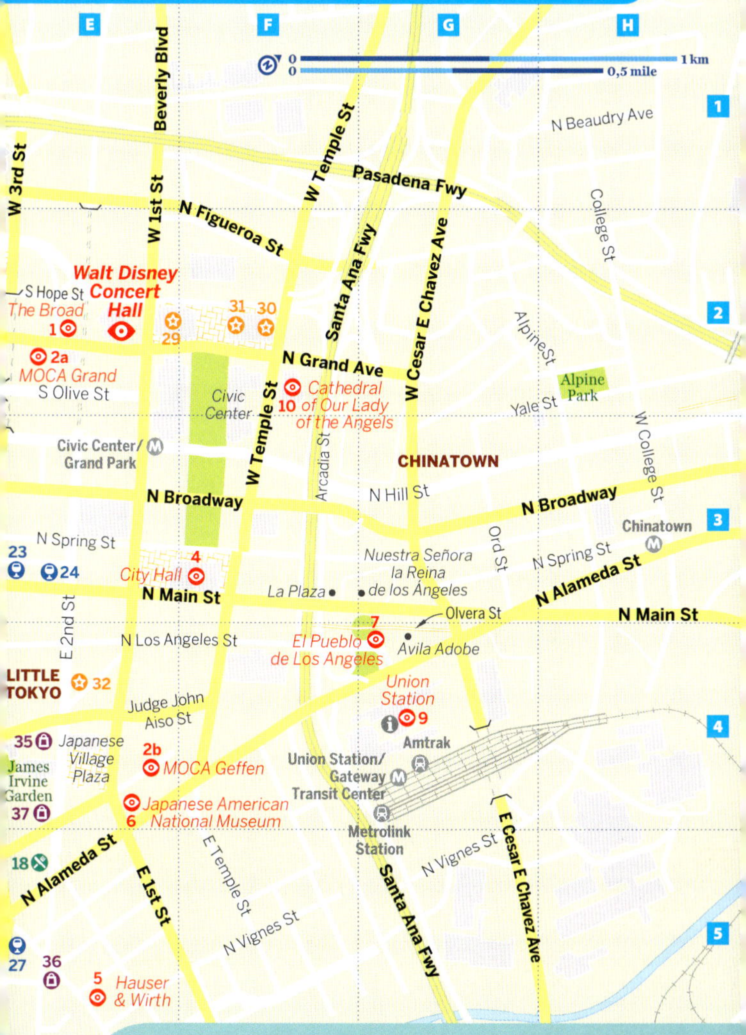
E
F
G
H
0
0
1 km
0,5 mile
1
2
3
4
5
N Beaudry Ave
Beverly Blvd
W Temple St
Pasadena Fwy
W 3rd St
W 1st St
N Figueroa St
Santa Ana Fwy
W Cesar E Chavez Ave
College St
Walt Disney Concert Hall
S Hope St
The Broad
1
31
30
29
2a
MOCA Grand
S Olive St
N Grand Ave
Alpine St
Alpine Park
Civic Center
Cathedral of Our Lady of the Angels
10
Yale St
Civic Center/ Grand Park
W Temple St
Arcadia St
CHINATOWN
W College St
N Hill St
N Broadway
N Broadway
Chinatown
N Spring St
23
24
4
City Hall
Nuestra Señora la Reina de los Ángeles
Ord St
N Spring St
N Alameda St
N Main St
La Plaza
N Main St
Olvera St
7
E 2nd St
N Los Angeles St
El Pueblo de Los Angeles
Avila Adobe
LITTLE TOKYO
32
Union Station
Judge John Aiso St
9
35
Japanese Village Plaza
2b
Amtrak
James Irvine Garden
MOCA Geffen
Union Station/ Gateway Transit Center
37
Japanese American National Museum
6
E Temple St
Metrolink Station
N Vignes St
E Cesar E Chavez Ave
18
N Alameda St
E 1st St
N Vignes St
Santa Ana Fwy
27
36
5
Hauser & Wirth

Voir

The Broad

MUSÉE

1 Plan p. 128, E2

Dès son ouverture en septembre 2015, le Broad est devenu la coqueluche des amateurs d'art contemporain. On y découvre l'extraordinaire collection d'Eli Broad, magnat de l'immobilier, et de son épouse Edythe, qui compte plus de 2 000 œuvres d'après-guerre d'artistes majeurs tels que Cindy Sherman, Jeff Koons, Andy Warhol, Roy Lichtenstein, Robert Rauschenberg, Keith Haring ou encore Kara Walker. (213-232-6200 ; www.thebroad.org ; 221 S Grand Ave ; gratuit ; 11h-17h mar-mer, 11h-20h jeu-ven, 10h-20h sam, 10h-18h dim ; P ; M Red/Purple Lines jusqu'à Civic Center/Grand Park)

MOCA Grand

MUSÉE

L'immense collection du **MOCA** (2a plan p. 128, E2) met à l'honneur des œuvres de Mark Rothko, Joseph Cornell, David Hockney et d'autres grands noms (à partir de 1940). Aménagées dans une construction postmoderne de l'architecte Arata Isozaki, les salles sont en sous-sol mais mises en valeur par l'éclairage zénithal. L'annexe de Downtown, le **MOCA Geffen** (2b plan p. 128, E4 ; 213-625-4390 ; 152 N Central Ave ; tarif plein/réduit/-12 ans 15/8-10 $/gratuit, gratuit jeu 17h-20h ; 11h-18h lun, mer et ven, 11h-20h jeu, 11h-17h sam-dim ; M Gold Line jusqu'à Little Tokyo/Arts District), propose des expositions plus expérimentales, avant-gardistes et conceptuelles. (Museum of Contemporary Art ; 213-626-6222 ; www.moca.org ; 250 S Grand Ave ; tarif plein/réduit/-12 ans 15/8-10 $/gratuit, gratuit jeu 17h-20h ; 11h-18h lun, mer et ven, 11h-20h jeu, 11h-17h sam-dim ; M Red/Purple Lines jusqu'à Pershing Sq)

Grammy Museum

MUSÉE

3 Plan p. 128, A1

Ce musée sur trois niveaux est la pièce maîtresse du complexe **LA Live** (www.lalive.com). Les amateurs de musique seront absorbés par les expositions analysant les genres et les liens qui les unissent. Vous y verrez aussi peut-être, parmi les expositions sans cesse renouvelées, des costumes de scène portés par Michael Jackson, Whitney Houston ou Beyoncé, des paroles de chansons manuscrites et des instruments ayant appartenu à des icônes du rock. Inspiré ? Essayez-vous au chant et au mixage. (213-765-6800 ; www.grammymuseum.org ; 800 W Olympic Blvd ; adulte/enfant 13/11 $; 10h30-18h30 lun-ven, 10h-18h30 sam-dim ; P ; M Red/Purple Lines jusqu'à 7th St/Metro Center)

City Hall

ÉDIFICE NOTABLE

4 Plan p. 128, F3

Datant de 1928, l'hôtel de ville était jusqu'en 1966 l'édifice le plus haut de LA. Par temps clair, sa plateforme dévoile un panorama jusqu'aux montagnes. Faites halte au 2e pour admirer l'ancienne entrée du bâtiment et sa fabuleuse rotonde d'inspiration byzantine, dont le sol de marbre est surmonté d'un dôme en mosaïque. (213-485-2121 ; www.lacity.org ; 200 N

City Hall

Spring St ; gratuit ; 9h-17h lun-ven ; M Red/Purple Lines jusqu'à Civic Center/Grand Park)

Hauser & Wirth

GALERIE

5 Plan p. 128, E5

Cette annexe de la célèbre galerie suisse programme d'excellentes expositions d'art moderne et contemporain, réparties dans le gigantesque espace d'un ancien moulin industriel de l'Arts District. On a pu y voir des œuvres d'artistes majeurs comme Louise Bourgeois, Eva Hesse ou encore Jason Rhoades. Le complexe abrite également une immense librairie d'art. (213-943-1620 ; www.hauserwirthlosangeles.com ; 901 E 3rd St ; gratuit ; 11h-18h mer-dim ; M Gold Line jusqu'à Little Tokyo/Arts District)

Japanese American National Museum

MUSÉE

6 Plan p. 128, E4

Ce musée est le premier du pays à présenter l'histoire de l'immigration japonaise. Le premier étage est consacré à l'évolution de la culture américano-japonaise depuis la fin du XIXe siècle et s'attarde notamment sur le douloureux chapitre des camps d'internement de la Seconde Guerre mondiale. Après la visite, allez vous détendre dans le paisible jardin et chiner dans la boutique. (213-625-0414 ; www.janm.org ; 100 N Central Ave ; adulte/enfant 12/6 $, gratuit jeu 17h-20h et 3e jeu du mois ; 11h-17h mar, mer et ven-dim, 12h-20h jeu ; ; M Gold Line jusqu'à Little Tokyo/Arts District)

100 % Los Angeles

El Pueblo de Los Ángeles

Depuis Union Station, traversez Alameda St pour admirer les plus anciens édifices de LA dans ce petit **quartier** (7 plan p. 128, G4 ; 213-628-1274 ; www.elpueblo.lacity.org ; Olvera St ; gratuit ; visites guidées 10h, 11h et 12h mar-sam ;) situé près du site où s'installèrent les premiers colons en 1781. Prenez un plan à l'**Avila Adobe** (213-628-1274 ; www.elpueblo.lacity.org ; 10 Olvera St ; gratuit ; 9h-16h) puis frayez-vous un chemin entre les étals de souvenirs d'**Olvera St**. Visitez ensuite **La Plaza** (La Plaza de Cultura y Artes ; 213-542-6200 ; www.lapca.org ; 501 N Main St ; gratuit ; 12h-17h lun, mer et jeu, 12h-18h ven-dim ;), musée dédié à la culture américano-mexicaine, et **Nuestra Señora la Reina de los Ángeles** (www.laplacita.org ; 535 N Main St ; 6h-20h30), toute première église de la ville, érigée en 1814 sur l'emplacement de la mission initiale.

US Bank Tower

ÉDIFICE NOTABLE

8 Plan p. 128, D2

Si la Wilshire Grand Tower est la plus haute tour de LA, ce n'est que grâce à sa flèche ; le toit le plus haut de la ville est celui de l'US Bank Tower (310 m). Elle abrite l'**OUE Skyspace LA** (213-894-9000 ; oue-skyspace.com ; tarif plein/senior/-12 ans 25/22/19 $; 10h-21h dim-jeu, 10h-22h ven-sam ;), une plateforme sur plusieurs niveaux offrant une vue à 360° sur la ville, les collines, l'océan et les montagnes. Pour 8 $ de plus, vous pourrez glisser d'une plateforme à l'autre grâce à un toboggan extérieur aux parois transparentes – une descente bien courte, et assez décevante. (633 W 5th St ; M Red/Purple Lines jusqu'à Pershing Sq)

Union Station

ÉDIFICE NOTABLE

9 Plan p. 128, G4

Édifiée sur l'emplacement du premier Chinatown de LA, dernier témoin de l'âge d'or des gares ferroviaires américaines, Union Station fut achevée en 1939. D'architecture renouveau du style des missions, le bâtiment incorpore des éléments d'inspirations Art déco et amérindienne. Le hall, avec son sol de marbre, son plafond de cathédrale, ses fauteuils en cuir et ses lustres de plus d'une tonne, est époustouflant. Dans la gare, le Traxx Bar occupe l'ancienne salle des téléphones, où un opérateur connectait jadis les interlocuteurs. (www.amtrak.com ; 800 N Alameda St ; P ; M Gold, Red et Purple Lines)

Cathedral of Our Lady of the Angels

CATHÉDRALE

10 Plan p. 124, F2

Proportions gothiques et lignes contemporaines caractérisent la cathédrale Notre-Dame-des-Anges, conçue en 2002 par José Rafael Moneo. Il y règne une grande sérénité, ménagée par la douce lumière que laissent passer des panneaux d'albâtre. La nef est ornée d'immenses tapisseries dignes. (213-680-5200 ; www.olacathedral.org ; 555 W Temple St ; entrée libre ; 6h30-18h lun-ven, à partir de 9h sam, dès 7h dim ; M Red/Purple Lines jusqu'à Civic Center/Grand Park)

Se restaurer

Cole's

SANDWICHS $

11 Plan p. 128, C3

Cette taverne aux box et aux lustres d'époque, aurait inventé le *French dip sandwich* en 1908. Garni de tranches d'agneau, de bœuf, de dinde, de porc ou de pastrami et servi "au jus", il coûtait à l'époque 5 cents. (213-622-4090 ; 213hospitality.com/project/coles ; 118 E 6th St ; sandwichs 10-13,50 $; 12h-minuit lun-mer, 12h-2h jeu-ven, 11h-2h sam, 11h-minuit dim ; ; M Red/Purple Lines jusqu'à Pershing Sq)

Eggslut

DINER $

12 Plan p. 128, D3

Ce rendez-vous du petit-déjeuner prépare, entre autres délices, une brioche fourrée à la saucisse de dinde maison, œuf et moutarde à l'aïoli, et le *slut* éponyme : un œuf poché sur une purée de pommes de terre accompagné de crostinis. Si vous n'aimez pas faire la queue, venez vers 9h du lundi au mercredi. (www.eggslut.com ; Grand Central Market, 317 S Broadway ; plats 6-10 $; 8h-16h M Red/Purple Lines jusqu'à Pershing Sq)

Madcapra

SANDWICHES $

Ce stand toujours bondé de **Grand Central Market** (voir 12 plan p. 128, D3) sert des falafels irréprochables en sandwichs – celui à la tomate est le plus apprécié – et en salade. À accompagner d'un café frappé à la cardamome ou d'une *shandria* (limonade au gingembre, bière et fruits). (213-357-2412 ; www.madcapra.com ; salades et sandwichs 11-13 $)

Lemonade

CALIFORNIEN $

13 Plan p. 128, D2

Au sous-sol de City National Plaza, cette cafétéria branchée concocte une cuisine gastronomique ultra-fraîche, servie sur six comptoirs – *Market Place, Leafy Greens, Land and Sea, Sandwiches, Hot Dishes* et *Dessert*. Goûtez la salade de radis pastèques et thon gras mi-cuit ou le poulet thaï à l'ananas. (213-488-0299 ; www.lemonadela.com ; 505 S Flower St ; plats 8-13 $; 11h-15h lun-ven ; ; M Red/Purple Lines jusqu'à 7th St/Metro Center)

Bottega Louie

ITALIEN $$

14 Plan p. 128, C2

Ce vaste espace accueille une pâtisserie, un bar et une salle à manger. La cuisine de bistro est correcte (optez pour les immenses pizzas), mais les macarons ne valent pas leur réputation. (213-802-1470 ; www.bottegalouie.com ; 700 S Grand Ave ; pizzas 25 $, plats 12-36 $; 7h-22h lun-jeu, 7h-23h ven, 8h-23h sam, 8h-22h dim ; ; M Red/Purple Lines jusqu'à 7th St/Metro Center)

Maccheroni Republic

ITALIEN $$

15 Plan p. 128, D3

Dans un coin de Downtown qui échappe encore à la gentrification, ce restaurant prépare avec patience *polpettine di gamberi* (croquettes de crevettes) et succulentes pâtes bio – entre autres merveilles. (213-346-9725 ; www.maccheronirepublic.com ; 332 S Broadway ; plats 11-18 $; 11h-14h et 17h-21h30 lun-mer, 11h-14h et 17h-22h jeu, 11h-22h30 ven-sam, 11h-21h dim ; M Red/Purple Lines jusqu'à Pershing Sq)

Little Sister

ASIE DU SUD-EST $$

16 Plan p. 128, C2

Originaire de la vallée de San Gabriel, Tin Vuong prépare dans son bistro moderne une cuisine pan-asiatique de qualité, notamment une assiette à partager sans cesse renouvelée – rouleaux de printemps, salades, viande rouge, volaille, nouilles, *banh mi* et *congee* – ainsi que des plats savoureux comme le *ma po doufu* (tofu dans une pâte aux haricots épicée, servi froid), le curry d'okra du Myanmar et les vrilles de pois aux éclats de saint-jacques séchées. (213-628-3146 ; www.littlesisterla.com ; 523 W 7th St ; plats 8-28 $; M Red, Blue et Expo Lines jusqu'à 7th St/Metro Center)

Broken Spanish

MEXICAIN $$$

17 Plan p. 128, A2

Présentée avec soin, la cuisine mexicaine de Ray Garcia est on ne peut plus contemporaine et les saveurs sont aussi tranchées qu'intrigantes. Goûtez les *chochoyotes* (beignets de masa à l'ail vert et au piment pasilla) et l'assiette de champignons à l'ail noir. (213-749-1460 ; brokenspanish.com ; 1050 S Flower St ; plats 29-52 $; 17h30-22h dim-jeu, 17h30-23h ven-sam ; ; M Red, Blue et Expo Lines jusqu'à 7th St/Metro Center)

Q Sushi

SUSHIS $$$

La cuisine nipponne atteint des sommets chez ce poids lourd de l'*omakase* voisin de **Little Sister** (voir 16 plan p. 128, C2). Le dîner consiste en 20 bouchées (une dizaine au déjeuner) de délices tels que le poulpe braisé au saké et au sucre brun ou le *toro* (thon gras) grillé au chalumeau avec riz fermenté pendant un mois. Réservez. (213-225-6285 ; www.qsushila.com ; 521 W 7th St ; déj/dîner à partir de 75/165 $/pers ; 12h-13h30 mar-ven, 18h-21h mar-sam ; P)

Sushi Gen

JAPONAIS $$$

18 Plan p. 128, E5

Arrivez tôt pour avoir une table dans ce bar à sushis typique, où les chefs badinent tout en découpant avec art saumon fondant, *toro* délicat ou vivanette japonaise. Au déjeuner, prenez place au comptoir pour choisir vos sushis ou attendez qu'une table se libère en salle, où le menu sashimis (17 $) est une excellente affaire. (213-617-0552 ; www.sushigen.org ; 422 E 2nd St ; sushis 11-23 $; 11h15-14h et 17h30-21h45 lun-ven, 17h-21h45 sam ; P ; M Gold Line jusqu'à Little Tokyo/Arts District)

71 Above

AMERICAIN MODERNE $$$

Réservez une table avec vue pour profiter à fond de l'expérience proposée par ce restaurant au 70e étage de l'**US Bank Tower** (voir 8 plan p. 128, D2). La cuisine créative de Vartan Abgaryan est à la hauteur du panorama, comme la salade de betterave avec grains de blé au chocolat et orange sanguine ou le curry vadouvan de homard à la noix de coco, aux amandes et à la sauce de poisson vieillie en tonneau. (213-712-2683 ; www.71above.com ; 633 W 5th St ; menu fixe déj 2 plats/dîner 3 plats 35/75 $; 11h30-23h lun-jeu, 11h30-minuit ven, 17h-minuit sam, 17h-22h dim ; P)

Orsa & Winston

Orsa & Winston

FUSION $$$

19 Plan p. 128, D3

"Innovation" est le maître mot de cet excellent restaurant italo-asiatique. Le déjeuner consiste en des bols de céréales (quinoa, orge, farro ou riz) agrémentés de saveurs au choix (du curry au poisson *crudo*) et d'accompagnements. Le dîner est un *omakase* de six plats, tels que les agnolottis au *paitan* (bouillon de poule japonais), les panopes du Pacifique, ou encore les *tatsoi* (légumes asiatiques) au *pecorino sardo* (fromage de brebis). (213-687-0300 ; www.orsaandwinston.com ; 122 W 4th St ; bols déj 10-14 $, menu dîner 6 plats 85 $; 12h-14h et 18h-23h mar-ven, 17h30-23h sam ; M Red/Purple Lines jusqu'à Pershing Sq)

Prendre un verre

Clifton's Republic

BAR

20 Plan p. 128, C3

Décrire ce bar à plusieurs niveaux, ouvert en 1935 et récemment rénové, relève du défi. On y sert des plats de cafétéria (autour de 14,75 $) à côté d'une cascade, on sirote des cocktails accoudé à un autel gothique pendant que des spectacles de cabaret se déroulent à l'ombre d'un faux séquoia de 12 m. Des DJ installés dans un hors-bord réaménagé animent pendant ce temps l'espace hawaïen. (213-627-1673 ; www.cliftonsla.com ; 648 S Broadway ; 11h-minuit mar-jeu, 11h-2h ven, 10h-2h30 sam, 10h-18h dim ; ; M Red/Purple Lines jusqu'à Pershing Sq)

100 % Los Angeles

Soirée gay à Downtown

Si les bars gay ont tendance à fermer ailleurs en ville et dans le reste du pays, ils se multiplient à Downtown. Dans un décor élégant, le **Bar Mattachine** (21 plan p. 128, C3 ; 213-278-0471 ; www.facebook.com/BarMattachine ; 221 W 7th St ; 17h-2h lun-sam, 14h-2h dim ; M Red/Purple Lines jusqu'à Pershing Sq) tient la tête d'affiche avec ses cocktails raffinés (mais aussi des bières bon marché en cannette), tandis qu'autour du bar métallique de **Redline** (22 plan p. 128, C3 ; 213-935-8391 ; www.redlinedtla.com ; 131 E 6th St ; 17h-minuit lun, 17h-2h mar-sam, 11h-minuit dim ; M Red/Purple Lines jusqu'à Pershing Sq) se presse une foule bariolée de vieux baroudeurs, de minets et de punks. Pour une ambiance plus canaille, direction le **New Jalisco** (23 plan p. 128, E3 ; 213-613-1802 ; 245 S Main St ; 12h-2h lun-ven, 14h-2h sam-dim ; M Red/Purple Lines jusqu'à Pershing Sq).

Edison

BAR

24 Plan p. 128, E3

Niché dans la petite ruelle de Harlem Pl, ce fantastique bar-*lounge* occupe le sous-sol d'une centrale électrique centenaire. Un paradis *steampunk* à l'éclairage tamisé, ponctué de générateurs, d'élégants salons tout en cuir et de recoins. Restez pour les concerts (du jazz au folk) et les spectacles de cabaret ou d'acrobates. (213-613-0000 ; www.edisondowntown.com ; 108 W 2nd St ; 17h-2h mer-ven, 19h-2h sam ; M Red/Purple Lines jusqu'à Civic Center/Grand Park)

Upstairs at the Ace Hotel

BAR

25 Plan p. 128, B3

Perché au 13e étage de l'Ace Hotel, ce bar a tout pour plaire : un panorama superbe sur Downtown, des cocktails délicieux et un décor style safari haut de gamme. L'espace, à la fois décontracté et sophistiqué, accueille des sets de DJ à la pointe. Des œuvres d'art, spécialement conçues pour le bar, décorent le lieu. (www.acehotel.com/losangeles ; 929 S Broadway ; 11h-2h ; M Red, Blue et Expo Lines jusqu'à 7th St/Metro Center ou Red et Purple Lines jusqu'à Pershing Sq)

Mikkeller LA

BAR À BIÈRES

26 Plan p. 128, A2

Cet établissement au concept importé de Copenhague renouvelle le genre du traditionnel bar à bières dans un loft industriel avec box, grandes tables à partager, et œuvres du dessinateur philadelphien Keith Shore. On y découvre les bières des meilleures microbrasseries du monde, dont Eagle Rock et Mumford, basées à LA, ainsi que les bières de la maison, très réputées. (213-596-9005 ; www.mikkellerbar.com/la ; 330 W Olympic Blvd ; bar 17h-minuit dim-mer, 17h-2h jeu-sam, café 8h-17h tlj ; M Red, Blue et Expo Lines jusqu'à 7th St/Metro Center)

Varnish
BAR

Niché à l'arrière du restaurant **Cole's** (voir 11 plan p. 128, C3), ce petit bar à l'ambiance *speakeasy*, évoquant la Prohibition, accueille de bons concerts de jazz du dimanche au mardi. (213-817-5321 ; 213hospitality.com/the-varnish ; 118 E 6th St ; 19h-2h ; M Red/Purple Lines jusqu'à Pershing Sq)

EightyTwo
BAR

27 Plan p. 128, E5

Le nom de ce bar fait référence à l'année 1982, et on comprend pourquoi ! Cocktails, flippers et jeux d'arcade : tout rappelle les années 1980 dans cet ancien entrepôt couvert de graffitis. Parmi les bornes d'arcade (plus de 40), on retrouve les plus grands classiques : *Donkey Kong*, *Space Invaders*, et une borne *Pacman* équipée de sous-verre pour les grands enfants nostalgiques des *eighties*. DJ tous les soirs et *food trucks* sur place. (213-626-8200 ; eightytwo.la ; 707 E 4th Pl ; 18h-2h mar-jeu, 17h-2h ven, 14h-2h sam-dim ; M Gold Line jusqu'à Little Tokyo/Arts District)

100 % Los Angeles

Music Center of Los Angeles County

Cette **institution** (www.musiccenter.org ; 135 N Grand Ave) dédiée aux arts vivants, l'une des plus importantes du pays, regroupe quatre salles : le Walt Disney Concert Hall (p. 124) ; le **Dorothy Chandler Pavilion** (29 plan p. 128, C3), résidence de l'Opéra de Los Angeles ; l'**Ahmanson Theatre** (30 plan p. 128, C3), où se jouent les grandes comédies musicales de Broadway ; et le plus intimiste **Mark Taper Forum** (31 plan p. 128, C3) qui accueille des créations théâtrales de grande qualité. On peut notamment y voir les pièces du **Center Theatre Group** (213-628-2772 ; www.centertheatregroup.org), l'une des plus remarquables compagnies de théâtre du pays, récompensée à maintes reprises. Elle se produit également au Kirk Douglas Theater (p. 91), à Culver City.

Sortir

Staples Center
STADE

28 Plan p. 128, A1

Ce stade aux allures de soucoupe volante accueille les matchs de trois équipes de basket : les **Lakers** (888-929-7849 ; www.nba.com/lakers ; tickets à partir de 30 $), avec qui Shaquille O'Neal et Kobe Bryant ont remporté la majorité de leurs titres, les **Clippers** (213-204-2900 ; www.nba.com/clippers ; tickets à partir de 20 $), emmenés par le flamboyant Blake Griffin, et les **Sparks** (sparks.wnba.com), l'équipe féminine de la ville où évolue la Française Sandrine Gruda. L'équipe de hockey sur glace des Kings y est aussi chez elle, et l'enceinte sert parfois de salle de concerts. (213-742-7100 ; www.staplescenter.com ; 1111 S Figueroa St ; M Blue et Expo Lines jusqu'à Pico)

> **À savoir**
>
> **Skid Row**
>
> Si les Angelenos se sont réapproprié Downtown ces dernières années, tous les habitants n'ont pas bénéficié de cette manne nouvelle. Vous croiserez ainsi nombre de sans-abri dans les rues, tout particulièrement dans le quartier de Skid Row (délimité par Main St à l'ouest, 7th St au sud, Alameda St à l'est et 3rd St au nord), où les abris de fortune s'alignent sur les trottoirs. La détresse y est souvent criante – plus de 40% de ses habitants vivent sous le seuil de pauvreté – et le quartier peut se révéler dangereux : évitez-le, tout particulièrement la nuit.

Blue Whale — JAZZ

32 Plan p. 128, E4

Au dernier étage du Weller Court, à Little Tokyo, cet espace intime au sol de béton accueille des concerts de jazz (d'avant-garde ou classique) tous les soirs à 21h, d'une qualité n'ayant d'égale que l'excellente acoustique de la salle. Le public est varié, les bières sont artisanales et les en-cas du bar corrects. Entrée à régler en espèces. (213-620-0908 ; www.bluewhalemusic.com ; 123 Onizuka St, Suite 301 ; entrée 5-20 $; 20h-2h, fermé 1er dim du mois ; M Gold Line jusqu'à Little Tokyo/Arts District)

Grand Performances — MUSIQUE LIVE

33 Plan p. 128, D2

Chaque été, cette association propose une série d'excellents concerts gratuits en plein air, devant les fontaines de California Plaza. Artistes de LA et d'ailleurs se succèdent sur scène pour jouer musique classique, hip-hop, musiques du monde, et bien d'autres styles encore. Consultez le site Web pour en savoir plus. (213-687-2190 ; www.grandperformances.org ; California Plaza, 300 et 350 S Grand Ave ; gratuit ; juin-sept ; M Red/Purple Lines jusqu'à Pershing Sq)

United Artists Theatre — MUSIQUE LIVE, DANSE

34 Plan p. 128, B3

Ce bijou de cinéma historique doit sa restauration à l'Ace Hotel, qui se charge également de la programmation, éclectique (concerts, danse, cinéma). Agenda sur le site Web. (213-623-3233 ; www.acehotel.com/losangeles/theatre ; 929 S Broadway ; M Red/Purple Lines jusqu'à Pershing Sq)

Shopping

Raggedy Threads — FRIPERIE

35 Plan p. 128, E4

Cette friperie typiquement américaine, à deux pas de l'artère principale de Little Tokyo, déborde de trouvailles potentielles : vieux jeans délavés, dont une collection de tenues de travail pré-années 1950 des États-Unis, du

Japon et de France, robes victoriennes, T-shirts tout doux et de superbes turquoises à petit prix. (213-620-1188 ; www.raggedythreads.com ; 330 E 2nd St ; 12h-20h lun-sam, 12h-18h dim ; M Gold Line jusqu'à Little Tokyo/Arts District)

Apolis

MODE ET ACCESSOIRES

36 Plan p. 128, E5

Les pantalons, jeans, T-shirts et blazers cintrés de cette marque pour homme ne sont pas donnés, mais quelle qualité ! Créée par deux frères originaires de Santa Barbara, la ligne met l'accent sur le commerce équitable, avec des projets de développement dans les centres ghettoïsés de grandes villes américaines, dans des villages du Pérou et d'Ouganda ou encore au Bangladesh. (855-894-1559 ; www.apolisglobal.com ; 806 E 3rd St ; 12h-18h lun-mer, 12h-19h jeu, 11h-19h ven-sam, 11h-18h dim)

Poketo

BOUTIQUE

37 Plan p. 128, E4

Le *pop-up store* de cette marque d'articles de maison propose une belle sélection de sa production, principalement conçue aux États-Unis, dont des bougies parfumées et des cosmétiques artisanaux, des céramiques peintes à la main, des bijoux, des sacs et de beaux textiles. (213-537-0751 ; www.poketo.com ; 374 E 2nd St ; 12h-19h lun, 11h-19h mar-dim ; M Gold Line jusqu'à Little Tokyo/Arts District)

100 % Los Angeles

Last Bookstore in LA

Le **Last Bookstore** (**38** plan p. 128, D3 ; 213-488-0599 ; www.lastbookstorela.com ; 453 S Spring St ; 10h-22h lun-jeu, 10h-23h ven-sam, 10h-21h dim ; M Red/Purple Lines jusqu'à Pershing Sq) n'est pas réellement "la dernière librairie de LA", mais l'endroit vaut certainement le détour. Née dans une petite échoppe de Main St, c'est aujourd'hui la plus grande librairie de Californie, occupant deux niveaux d'une ancienne banque. Jetez un coup d'œil aux rayons de livres d'occasion du rez-de-chaussée avant de monter à l'étage, où vous attendent un coin horreur et polar, un tunnel de livres, des œuvres d'art et une excellente sélection de vinyles.

Hive

ART

39 Plan p. 128, C3

Nichée dans un segment de Spring St en pleine gentrification, cette galerie toute en profondeur, tenue par des artistes, met le surréalisme pop à l'honneur. Les vernissages du premier samedi du mois, agrémentés de performances live, attirent une foule branchée et éclectique. (213-955-9051 ; www.thehivegallery.com ; 729 S Spring St ; 13h-18h mer-sam ; M Red/Purple Lines jusqu'à Pershing Sq)

Les incontournables
Exposition Park

Comment y aller

L'Expo Line (métro léger) relie Downtown à Exposition Park en 10 minutes, avant de continuer vers Santa Monica.

De Downtown, prenez l'I-10 et sortez sur Vermont Ave.

Rapidement accessible depuis Downtown par l'Expo Line et les bus DASH, ce parc familial fut d'abord un champ de foire agricole (créé en 1872), puis un lieu de refuge pour les sans-abri et les laissés-pour-compte, avant d'être finalement aménagé en parc public en 1913. Outre la verdure, on vient ici pour visiter trois excellents musées et pour assister aux matchs de football américain des USC Trojans dans le Los Angeles Memorial Stadium.

California Science Center

California Science Center

La star incontournable du **Science Center** (☎ programmation 213-744-2019, infos 323-724-3623 ; www.californiasciencecenter.org ; musée gratuit, film IMAX tarif plein/réduit/-12 ans 8,95/7,95/6,75 $; ⏰10h-17h) est la navette spatiale *Endeavour* – la dernière en date du programme américain –, mais il y a bien d'autres choses à voir dans ce musée consacré à l'espace, au corps humain, aux écosystèmes...

Natural History Museum

Des dinosaures aux diamants, des ours aux scarabées, des blattes aux éléphants, ce **Muséum d'histoire naturelle** (☎213-763-3466 ; www.nhm.org ; tarif plein/réduit/-12 ans 12/9/5 $; ⏰9h30-17h) vous fera voyager à travers le temps et les continents. Il occupe un bel édifice néo-Renaissance de 1913 où fut tournée la scène dans laquelle Peter Parker (Tobey McGuire) se fait mordre par une araignée, le changeant en Spider-Man.

California African American Museum

Découvrez au **CAAM** (☎213-744-7432 ; www.caamuseum.org ; 600 State Dr ; gratuit ; ⏰10h-17h mar-sam, 11h-17h dim) des artistes afro-américains ainsi que l'histoire et la culture afro-américaine, notamment en Californie et à LA. Les expositions changent plusieurs fois par an.

Los Angeles Memorial Coliseum

Construit en 1923, cet imposant **stade** (☎213-747-7111 ; www.lacoliseum.com ; 3911 S Figueroa St) a accueilli les JO d'été de 1932 et de 1984 – et recevra ceux de 2028. Deux équipes de football américain y jouent leurs matchs : les Rams de Los Angeles (jusqu'en 2019) et les Trojans de l'University of Southern California. D'intéressantes **visites** (visite guidée 25 $; ⏰mer-dim 10h30 et 13h30 ; visite libre 10 $; ⏰mer-dim 10h-16h) font découvrir l'histoire du stade.

700 Exposition Park Dr

P 🚻

☑ À savoir

- Profitez des nocturnes le premier vendredi du mois pour visiter un Natural History Museum où résonnent concerts et sets de DJ.
- Réservez vos billets pour visiter le pavillon des papillons et celui des araignées du Natural History Museum : ils ne sont pas toujours ouverts.
- L'entrée du Natural History Museum est gratuite le premier mardi du mois, sauf en juillet et en août.

✕ Une petite faim ?

Imprégnez-vous de culture afro-américaine au **Leimert Park** (angle Degnan Blvd et 43rd St), où l'on peut goûter aux saveurs des Caraïbes, assister à un concert de jazz et musarder devant les étals d'artisanat africain.

100% Los Angeles
Pasadena

Comment y aller

La Gold Line (métro léger) dessert Pasadena, qu'elle relie à Downtown.

Prenez l'I-110 depuis Downtown ou l'I-134 depuis Burbank.

Au pied des hautes San Gabriel Mountains, cette ville prospère et tranquille semble à mille lieux de Los Angeles. Connue pour son architecture Arts and Crafts du début du XXe siècle, elle s'anime chaque année lors du Tournament of Roses Parade, un défilé de chars fleuris qui serpente à travers Pasadena le jour de l'An – une tradition qui remonte à 1890.

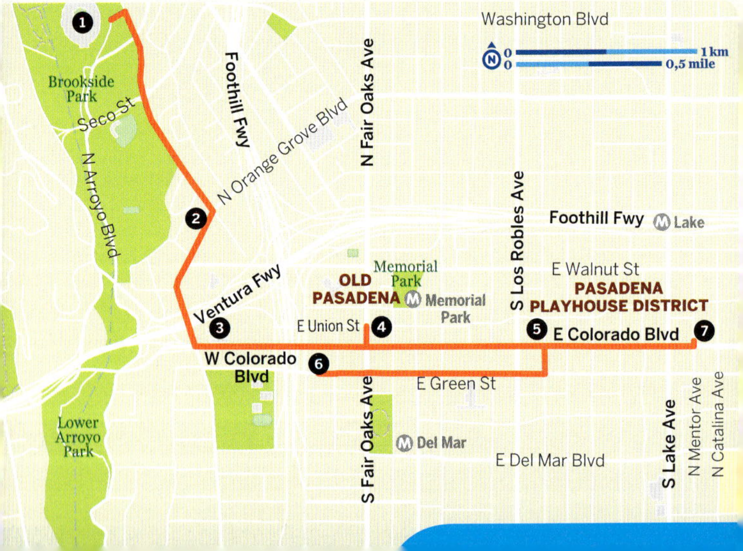

❶ Le Rose Bowl

Construit en 1922, le **Rose Bowl Stadium** (☎626-577-3100 ; www.rosebowlstadium.com ; 1001 Rose Bowl Dr) est l'un des édifices les plus emblématiques des environs de LA. Accueillant jusqu'à 93 000 spectateurs, il fait l'événement chaque Nouvel An, pour le Rose Bowl, célèbre match universitaire de football américain. Encadrant le stade, **Brookside Park** est un cadre agréable pour se balader ou pique-niquer.

❷ Une demeure historique

Somptueuse, la **Gamble House** (☎info 626-793-3334, billetterie 844-325-0812 ; www.gamblehouse.org ; 4 Westmoreland Pl ; visite guidée tarif plein/réduit/-12 ans 15/12,50 $/gratuit ; ⏲visites 11h30-15h jeu-ven, 12h-15h sam-dim sept-mai, 11h-15h jeu-sam, 12h-15h dim juin-août, librairie 10h-14h mar, 10h-17h jeu-dim ; P) est un chef-d'œuvre de style Arts and Crafts, dessiné en 1908 par Charles et Henry Greene pour David Gamble, héritier de Proctor & Gamble.

❸ Grands maîtres...

Le *Penseur* de Rodin fait ici figure d'amuse-bouche, tant sont foisonnantes les merveilles exposées dans ce superbe musée. Très accessibles et intelligemment présentées, les collections du **Norton Simon Museum** (www.nortonsimon.org ; 411 W Colorado Blvd ; tarif plein/réduit/-18 ans 12/9 $/gratuit, gratuit 1er ven du mois 17h-20h ; ⏲12h-17h lun, mer-jeu, 11h-20h ven-sam, 11h-17h dim ; P) comprennent une belle sélection d'œuvres de Rembrandt, Renoir, Raphaël, Van Gogh, Botticelli et Picasso.

❹ ... et jeunes designers

Joli cabinet de curiosités, **Gold Bug** (☎626-744-9963 ; www.goldbugpasadena.com ; 34 E Union St ; ⏲10h-17h lun, 10h-18h mar-sam, 12h-17h dim) vend bijoux, artisanat et objets de décoration réalisés par des artistes de la région. Belle collection de livres d'art.

❺ California Style

Depuis 1850, le très avant-gardiste **Pasadena Museum of California Art** (www.pmcaonline.org ; 490 E Union St ; tarif plein/réduit/-12 ans 7/5 $/gratuit, gratuit 1er ven du mois tte la journée et 3e jeu du mois dès 17h ; ⏲12h-17h mer-dim, 12h-20h 3e jeu du mois ; P) présente les œuvres d'artistes, d'architectes et de designers californiens. Les expositions changent plusieurs fois par an.

❻ Les papilles en éveil

D'inspiration basque, **Racion** (☎626-396-3090 ; www.racionrestaurant.com ; 119 W Green St ; petites assiettes 6-10 $, plats 11-29 $; ⏲18h-22h lun-jeu, 11h30-15h et 18h-22h30 ven, 11h30-15h et 17h30-22h30 sam, 17h30-22h dim) prépare tapas et plats plus copieux tels que calamars farcis, poulpes braisés à la bière et crevettes séchées en *salsa verde*.

❼ Comedy Club

Depuis son ouverture en 1960, **The Ice House** (☎626-577-18940 ; www.icehousecomedy.com ; 38 N Mentor Ave) a aidé à lancer la carrière de dizaines d'humoristes, parmi lesquels David Letterman et Ellen DeGeneres. Un futur grand nom du rire se produira peut-être devant vous ce soir.

Explorer

Burbank et Universal City

Cet immense réseau de faubourgs – “the Valley, pour les intimes – dissimule la plupart des grands studios de Los Angeles, de Warner Bros à Disney, en passant par Universal. C’est aussi là que vit M. Tout-le-Monde, ce qui en fait un lieu plus décontracté et moins factice que bien d’autres quartiers de la ville.

L'essentiel en un jour

Offrez-vous un copieux petit-déjeuner chez **Bob's Big Boy** (p. 150), à Burbank, *diner* en drive-in authentique, avant de rejoindre **Warner Bros** (p. 150). Ici, point d'attractions : vous êtes dans un vrai studio en activité.

Déjeunez parmi les producteurs et leur cour de scénaristes et d'acteurs à **Aroma** (p. 152), puis passez l'après-midi aux studios **Universal** (photo ci-contre ; p. 146), où le Wizarding World of Harry Potter, 3-D Transformers et le Despicable Me Minion Mayhem raviront toute la famille. Si vous êtes lassé des parcs à thème, passez à **It's a Wrap!** (p. 153) avant la fermeture.

Si la soirée est belle, promenez-vous sur l'**Universal Citywalk** (p. 147). Sinon, rendez-vous dans le Sushi Row ("allée des sushis") pour un dîner dans le discret paradis qu'est **Asanebo** (p. 152) avant d'aller assister à un concert dans le club du **Vitello's** (p. 151).

Les incontournables

Universal Studios (p. 146)

Le meilleur du quartier

Se restaurer

Bob's Big Boy (p. 150)

Shopping

It's a Wrap! (p. 153)

Comment y aller

M **Métro** Depuis Downtown et Hollywood, prenez la Red Line et descendez à Universal City ou à North Hollywood.

Les incontournables
Universal Studios

Le succès d'Universal, temple ludique du cinéma, ne se dément pas. Comptant parmi les plus anciens studios en activité et les plus vieux parcs à thème au monde, ce complexe rassemble plateaux de tournage et manèges à sensations, et propose des spectacles et des divertissements interactifs. Un petit train (Studio Tour) vous emmène à la découverte de décors de classiques d'Universal – *Psychose*, *Retour vers le futur*... –, mais n'espérez pas y voir des équipes en plein tournage.

Plan p. 148, E5

800-864-8377

www.universalstudioshollywood.com

100 Universal City Plaza

adulte/-10 ans à partir de 105/99 $, gratuit -3 ans

tlj, horaires selon la saison

M Universal City

Les montagnes russes des *Simpson*

Wizarding World of Harry Potter

C'est l'attraction la plus populaire des studios : préparez-vous à faire la queue pour monter à bord des montagnes russes **Flight of the Hippogriff** et visiter l'univers d'**Harry Potter and the Forbidden Journey**. Achetez accessoires de sorcellerie et "dragées surprise" de Bertie Crochue dans les boutiques au décor des films avant de faire un festin accompagné de chopes de "bièraubeurre" au restaurant Three Broomsticks.

Autres attractions Universal

Parmi les autres attractions populaires, la balade en bateau **Jurassic Park** vous emmène à travers une jungle préhistorique ; attention, le final est plus "dino-mique" ! Les montagnes russes de **Revenge of the Mummy**, aussi brèves qu'impressionnantes, filent à toute vitesse (avec des pointes à plus de 70 km/h et des passages en marche arrière) dans les entrailles du tombeau d'Imhotep. Enfin, échappez au piège de Tahiti Bob en compagnie de la plus célèbre famille de Springfield dans **The Simpsons Ride**, un simulateur de montagnes russes.

Universal CityWalk

Enseignes au néon démesurées, écrans géants et couleurs clinquantes composent le décor d'**Universal CityWalk** (☎818-622-4455 ; www.citywalkhollywood.com ; 100 Universal City Dr, Universal City ; accès libre ; 🕑11h-21h lun-jeu, 11h-23h ven-dim ; 👪), zone commerciale en plein air jouxtant les studios. Elle compte 65 boutiques, restaurants et attractions d'un intérêt pas toujours évident.

☑ À savoir

- Prévoyez une journée complète, surtout en été.
- Pour éviter l'attente, mieux vaut arriver avant l'ouverture, se munir d'un forfait Front of Line Pass (forfait coupe-file ; à partir de 179 $) ou s'offrir la visite VIP Experience (à partir de 329 $).
- Acheter les billets en ligne donne généralement droit à des réductions.

Une petite faim ?

Les lieux de restauration abondent dans Universal CityWalk, mais le Sushi Row, sur Ventura Blvd, est un meilleur choix : régalez-vous sans vous ruiner chez Daichan (voir p. 150).

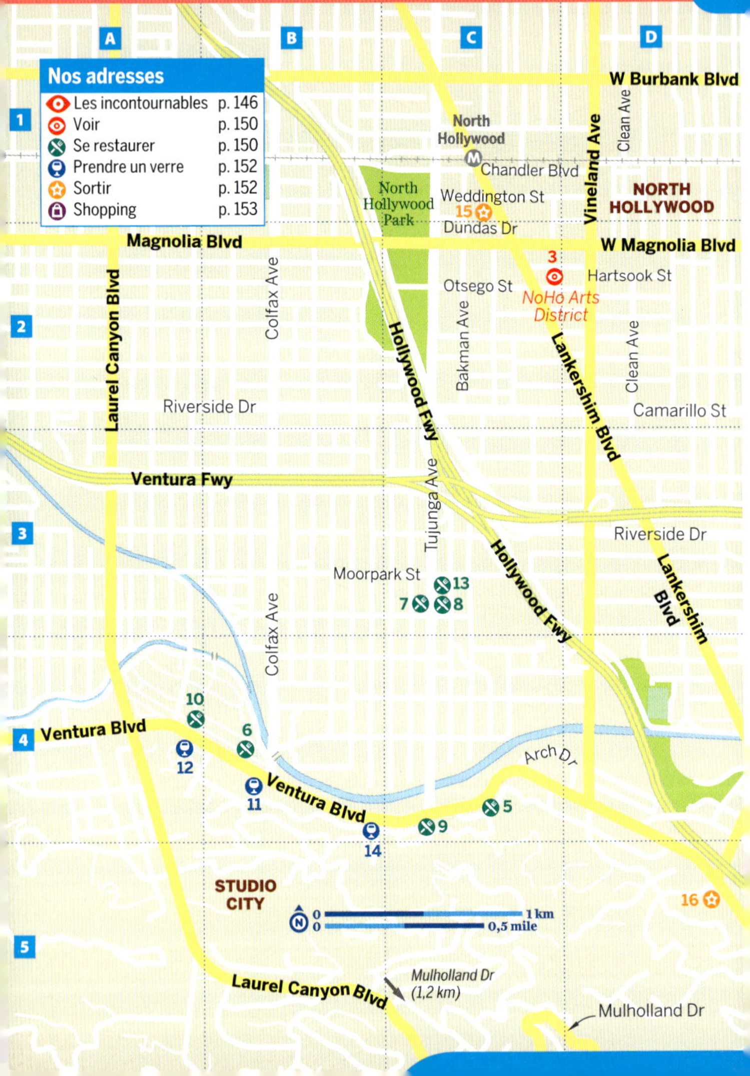
Nos adresses
Les incontournables p. 146
Voir p. 150
Se restaurer p. 150
Prendre un verre p. 152
Sortir p. 152
Shopping p. 153
A
B
C
D
1
2
3
4
5
W Burbank Blvd
North Hollywood
Chandler Blvd
Clean Ave
Vineland Ave
NORTH HOLLYWOOD
North Hollywood Park
Weddington St
15
Dundas Dr
Magnolia Blvd
W Magnolia Blvd
3
Hartsook St
Otsego St
NoHo Arts District
Laurel Canyon Blvd
Colfax Ave
Hollywood Fwy
Bakman Ave
Lankershim Blvd
Clean Ave
Riverside Dr
Camarillo St
Ventura Fwy
Tujunga Ave
Riverside Dr
Moorpark St
13
7
8
Hollywood Fwy
Lankershim Blvd
Colfax Ave
10
6
Ventura Blvd
12
11
Ventura Blvd
14
9
5
Arch Dr
STUDIO CITY
0 1 km
0 0,5 mile
16
Laurel Canyon Blvd
Mulholland Dr (1,2 km)
Mulholland Dr

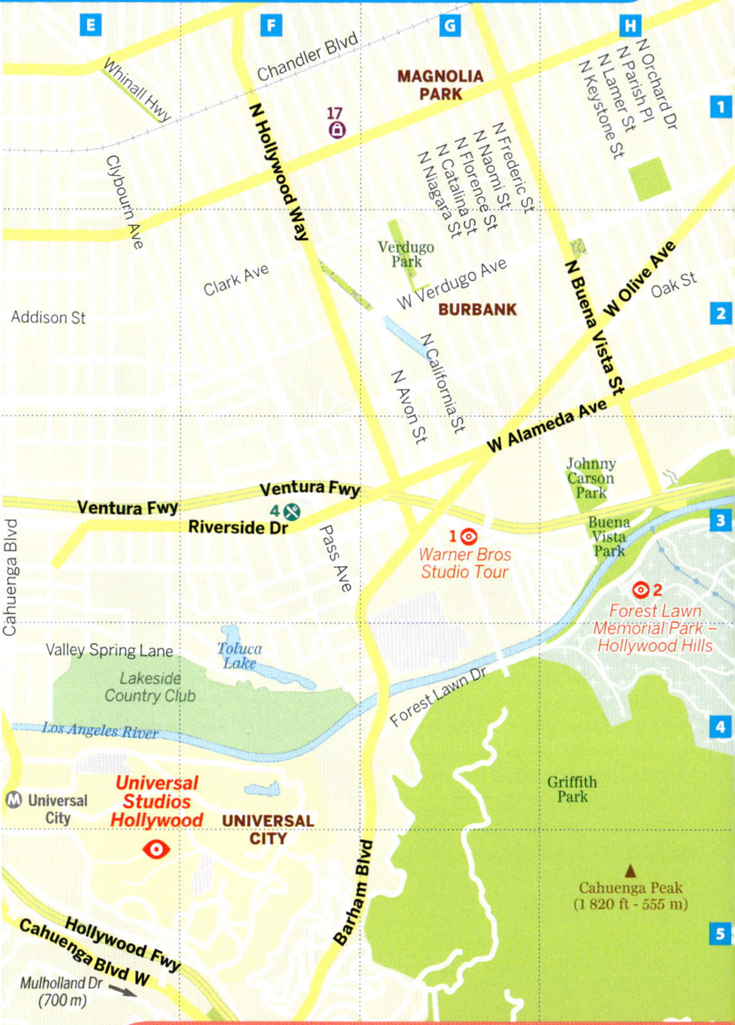
E
F
G
H
1
2
3
4
5
MAGNOLIA PARK
Chandler Blvd
Whinall Hwy
N Hollywood Way
17
N Orchard Dr
N Parish Pl
N Lamer St
N Keystone St
N Frederic St
N Naomi St
N Florence St
N Catalina St
N Niagara St
Clybourn Ave
Verdugo Park
Clark Ave
W Verdugo Ave
BURBANK
Addison St
N Buena Vista St
W Olive Ave
Oak St
N California St
N Avon St
W Alameda Ave
Johnny Carson Park
Ventura Fwy
Ventura Fwy
4
Riverside Dr
Pass Ave
1
Warner Bros Studio Tour
Buena Vista Park
2
Forest Lawn Memorial Park – Hollywood Hills
Cahuenga Blvd
Valley Spring Lane
Toluca Lake
Lakeside Country Club
Los Angeles River
Forest Lawn Dr
Griffith Park
Universal City
Universal Studios Hollywood
UNIVERSAL CITY
Barham Blvd
Cahuenga Peak (1 820 ft - 555 m)
Hollywood Fwy
Cahuenga Blvd W
Mulholland Dr (700 m)

Voir

Warner Bros Studio Tour
VISITE GUIDÉE

1 Plan p. 148, G3

La visite de ces studios légendaires, aussi amusante qu'authentique, dure 2 heure 15 et démarre par un film retraçant leurs plus grands succès (*La Fureur de vivre, Harry Potter*...). Un minibus vous fait ensuite découvrir 450 000 m² de plateaux, décors, départements techniques et ateliers, sans oublier la collection de batmobiles. (☎877-492-8687, 818-972-8687 ; www.wbstudiotour.com ; 3400 W Riverside Dr ; visites guidées adulte/8-12 ans à partir de 62/52 $; 8h30-15h30, horaires étendus juin-août ; 155, 222, 501 arrêt à environ 500 m)

Forest Lawn Memorial Park – Hollywood Hills
LIEU DE MÉMOIRE

2 Plan p. 148, H3

Ode au pathos, à l'art et à la patrie, ce gigantesque cimetière voisin de Griffith Park est la dernière demeure de nombreuses célébrités (dont Bette Davis ou Stan Laurel), et ses pelouses sont jalonnées de monuments à la gloire de la Nation. (www.forestlawn.com ; 6300 Forest Lawn Dr ; 8h-17h ; P)

NoHo Arts District
QUARTIER

3 Plan p. 148, C2

Au bout de la Red Line, North Hollywood (NoHo) était un quartier artiste mais peu reluisant jusqu'à des efforts récents de renouvellement urbain. Il concentre désormais plus de 20 théâtres sur 2,5 km² et des galeries, des restaurants et des boutiques vintage. (www.nohoartsdistrict.com)

Se restaurer

Bob's Big Boy
DINER $

4 Plan p. 148, F3

Bob, garnement joufflu coiffé d'une banane et vêtu d'un tablier à carreaux, n'a pas pris une ride depuis 1949. Conçu par l'architecte Wayne McAllister dans le style futuriste des *fifties*, c'est le plus ancien *diner* de la marque encore en activité. Menu simple et classique : burgers, frites et poulet. (☎818-843-9334 ; www.bigboy.com ; 4211 W Riverside Dr ; burgers, sandwichs et salades 9-11,50 $, plats 9,50-14,50 $; 24h/24 ; P ; 155 jusqu'à Riverside Dr/Rose St)

Daichan
JAPONAIS $$

5 Plan p. 148, C4

Niché dans un mini-centre commercial et encombré de babioles, ce restaurant décalé au murs couverts d'affiches et tenu par un charmant propriétaire propose des spécialités japonaises parmi les meilleures et les moins chères du Sushi Row. Les *gyoza* (raviolis) grillés aux algues et tofu sont divins, tout comme les *bols*, en particulier le *negitoro*, mélange de riz, laitue et algues garni de thon gras. (☎818-980-8450 ; 11288 Ventura Blvd ; plats 8-20 $; 11h30-15h et 17h30-21h lun-ven, 12h-15h et 17h-21h sam ; P ; 150, 155 jusqu'à Ventura/Eureka)

Barrel & Ashes

BARBECUE $$

6 Plan p. 148, B4

Cet élégant établissement propose un concept surprenant : le barbecue gastronomique. Fumées au chêne californien, les viandes se dégustent en terrasse (sur rue) ou à l'intérieur de l'édifice, datant des années 1940. On a alors le choix entre les grandes tables communes ou le bar. (818-623-8883 ; www.barrelandashes.com ; 11801 Ventura Blvd ; plats 9-19 $; 11h-22h lun-jeu, 11h-23h ven, 10h30-23h sam, 10h30-22h dim, 10h30-15h sam-dim ; P ; 150 jusqu'à Ventura/Carpenter)

Vitello's

ITALIEN $$

7 Plan p. 148, C3

Ce restaurant au décor sophistiqué sert depuis 1964 des *penne* au poulet, des filets de bar, un vaste choix de pâtes et de copieux plats tels que les doubles côtes de porc ou la noix de basse côte de bœuf Wagyu américain. Au club E-Spot de l'étage, on dîne devant des concerts (jazz, pop ou rock) ou des spectacles comiques (prix de l'entrée variable). Il y a même depuis peu un *speakeasy*. (818-769-0905 ; www.vitellosrestaurant.com ; 4349 Tujunga Ave ; plats déj 12-26 $, dîner 15-36 $; 11h-22h lun-jeu, 11h-23h ven, 10h-23h sam, 10h-22h dim ; P ; 155 jusqu'à Tujunga/Moorpark)

Caioti Pizza Cafe

ITALIEN $$

8 Plan p. 148, C3

Autrefois située à Laurel Canyon, cette institution sert des salades, des burgers au bison et des sandwichs à la saucisse italienne ainsi que de succulentes pâtes et pizzas. (818-761-3588 ; www.caiotipizzacafe.com ; 4346 Tujunga Ave ; plats 9-17 $; 10h-22h lun-jeu, jusqu'à 23h ven, 9h-23h sam, 9h-22h30 dim ; 155 jusqu'à Tujunga/Moorpark)

KIT LEONG/SHUTTERSTOCK ©

Forest Lawn Memorial Park – Hollywood Hills

Kazu Sushi

JAPONAIS $$$

9 Plan p. 148, C4

Niché dans un petit centre commercial, Kazu Sushi est le secret le mieux gardé des amateurs de sushis à LA. Cuisine haut de gamme, superbe sélection de sakés et un *omakase* qui vaut largement le "coût". (818-763-4836 ; www.kazusushi818.com ; 11440 Ventura Blvd ; plats 10-19 $; 12h-14h15 et 18h-22h lun-ven, 18h-22h sam ; P ; 150, 155 jusqu'à Ventura/Tujunga)

Asanebo

SUSHIS $$$

10 Plan p. 148, A4

Ne vous fiez pas à la localisation – un centre commercial – de cette adresse. Propriété du chef Tetsuya Nakao, créateur des Nobu, ce restaurant sert une délicieuse cuisinée étoilée au Michelin : sashimi de flétan aux truffes fraîches, *kanpachi* (sériole) avec soupe miso et piments serrano… (818-760-3348 ; www.asanebo-restaurant.com ; 11941 Ventura Blvd ; plats 4-24 $; 12h-14h et 18h-22h30 mar-ven, 18h-22h30 sam, 18h-22h dim ; P ; 150, 240 jusqu'à Ventura/Radford)

Prendre un verre

Firefly

LOUNGE

11 Plan p. 148, B4

Lumière tamisée, banquettes en velours, bougies et bibliothèques encombrées confèrent au bar de ce restaurant une ambiance chic et indéniablement romantique. (818-762-1833 ; www.fireflystudiocity.com ; 11720 Ventura Blvd ; 17h-2h lun-sam, 11h-15h et 17h-1h dim ; 150, 240 jusqu'à Ventura/Colfax)

Laurel Tavern

PUB

12 Plan p. 148, A4

Ce pub élégant (parquet, mur en brique) propose un vaste choix de bières artisanales et une belle carte des vins. Suivez un match sur grand écran en savourant une bonne cuisine de pub ou profitez du beau temps sur la terrasse abritée. (www.laureltavern.com ; 11938 Ventura Blvd ; 12h-1h ; 150, 240 jusqu'à Ventura/Carpenter)

100 % Los Angeles

Aroma Coffee & Tea

Installé dans une ancienne maison, ce **café** (13 plan p. 148, C3 ; 818-508-7377 ; www.aromacoffeeandtea.com ; 4360 Tujunga Ave ; 6h-23h lun-sam, 6h30-23h dim ; 155 jusqu'à Tujunga/Moorpark) cosy mérite le détour. Le café est délicieux, et le menu, long comme le bras (plats 11-15 $), propose des salades, de très appréciés burgers de dinde, des club-sandwichs végétariens ou au homard et, pour le petit-déj, *chilaquiles* ou *enchiladas*, à déguster en extérieur, au milieu des plantes.

Oil Can Harry's

GAY

14 Plan p. 148, B4

Sur la piste de danse du doyen des bars gay de la “Valley”, (1968), c'est country le mardi et le vendredi, musique latine le jeudi et disco le samedi. À l'étage, c'est happy hours, karaoké et pianistes-chanteurs. (818-760-9749 ; www.oilcanharrysla.com ; 11502 Ventura Blvd ; 150, 240 jusqu'à Ventura/Berry)

Sortir

El Portal

THÉÂTRE

15 Plan p. 148, C1

De grands noms se produisent sur les trois scènes de ce théâtre de 1926, jadis consacré au vaudeville. Restauré après le séisme de Northridge en 1994, il a retrouvé sa splendeur d'antan et est redevenu un lieu incontournable de l'Arts District de NoHo. (☎818-508-4200 ; www.elportaltheatre.com ; 5269 Lankershim Blvd ; M Red Line jusqu'à North Hollywood)

Baked Potato

JAZZ, BLUES

16 ★ Plan p. 148, D5

Près d'Universal Studios, une patate qui se trémousse orne l'entrée de ce club de jazz et de blues à la programmation mêlant musiciens émergents et confirmés. On peut y commander des pommes de terre au four (6,50-14,50 $), qui aideront à tenir la distance car les cocktails sont corsés. (www.thebakedpotato.com ; 3787 Cahuenga Blvd ; entrée 10-25 $ avec 2 consos ; 19h-2h ; 237 jusqu'à Ventura/ Lankershim)

Shopping

It's a Wrap!

FRIPERIE

17 Plan p. 148, F1

En provenance directe des plateaux de *Nurse Jackie* ou *Scandal* (les arrivages sont classés par séries), ces vêtements utilisés sur les tournages sont proposés à des prix parfois intéressants – en particulier les costumes, tailleurs et jeans. (☎818-567-7366 ; www.itsawraphollywood.com ; 3315 W Magnolia Blvd ; 10h-20h lun-ven, 11h-18h sam-dim ; 183 jusqu'à Magnolia/ California)

Comprendre

Mulholland Drive

Nulle tentative d'explication du classique de David Lynch ici – auquel cette route pittoresque doit sans doute sa célébrité mondiale –, mais une balade en voiture dévoilant de beaux points de vue sur LA, la San Fernando Valley et les San Gabriel Mountains. Serpentant au sud de Studio City, cette artère longue de 38 km, bordée de villas cossues, relie Cahuenga Blvd, à l'est, aux reliefs des Santa Monica Mountains – où elle se transforme en piste sur environ 8 km – avant de rejoindre la ville de Calabasas, au nord de Malibu. Au départ de la jonction avec Cahuenga Blvd, arrêtez-vous, 1 km plus loin, au Jerome C. Daniel Overlook. En surplomb de l'Hollywood Bowl, il offre une vue superbe sur toute la ville et le panneau Hollywood.

Les incontournables
Disneyland et Disney California Adventure

Comment y aller

Anaheim est à 40 km au sud-est de Downtown par l'I-5.

Au départ d'Union Station, empruntez le train de l'Orange County Line opéré par **Metrolink** (www.metrolinktrains.com), qui s'arrête à la gare d'**Anaheim**. Prenez ensuite un taxi ou une navette pour Disneyland.

En voilà une souris qui a réussi ! Créé par Walt Disney en 1928, Mickey est devenu un poids lourd de l'industrie du divertissement, et il vit à Disneyland, "l'endroit le plus joyeux sur Terre" ! Dans ce monde parallèle parfait, les rues sont toujours propres, les employés du parc toujours souriants, et on défile dans la joie tous les jours de l'année. Même les plus cyniques ne sauraient nier que la petite souris est un hôte irréprochable, qui a fait le bonheur de millions de visiteurs depuis 1955.

Main Street USA

Inspirée de Marceline (Missouri), la ville natale de Walt Disney, la trépidante "Grande Rue" représente la parfaite bourgade américaine du début du XXe siècle. Style *barbershop*, machines à sous, glaciers et train à vapeur, rien ne manque à ce tableau idyllique.

L'animation **Great Moments with Mr Lincoln**, une "rencontre" de 15 minutes avec un "animatron" du président, se trouve dans l'espace **Disneyland Story**. Tout près, le **Main Street Cinema** ravira les enfants avec des projections de dessins animés des tout débuts de Disney comme *Steamboat Willie* (1928).

Main Street débouche sur la **Central Plaza**, dominée par l'incontournable **Sleeping Beauty Castle** – inspiré du château de Neuschwanstein allemand –, dans lequel poupées et livres géants racontent l'histoire de la *Belle au bois dormant*.

Tomorrowland

L'univers de *Star Wars* semble régner sur Tomorrowland. Son attraction phare, **Hyperspace Mountain**, l'une des meilleures montagnes russes du pays, vous propulse dans le noir à des vitesses vertigineuses, tandis que des écrans recréent une bataille galactique. Plus calme, la **Star Wars Launch Bay** est un petit musée rempli d'objets, de costumes et de maquettes liés à la saga. Dans le **Star Tours**, vous foncerez dans les canyons de Tatooine à bord d'un Starspeeder pour une mission en 3D.

Si vous êtes plus "rétro-futur", prenez le **monorail** de Downtown Disney à Tomorrowland, puis emmenez vos enfants s'amuser avec les pistolets laser de **Buzz Lightyear Astro Blaster** et conduire les mini-voitures d'**Autopia**, l'un des classiques du secteur. Ensuite, tous à bord du sous-marin de **Finding Nemo Submarine Voyage** pour retrouver le célèbre poisson-clown et traverser une éruption volcanique sous-marine.

Fantasyland

Fantasyland, peuplé de personnages de contes, se découvre notamment à travers l'inénarrable croisière **It's a Small World**, dont la chanson interprétée par des centaines d'animatrons d'enfants du monde entier vous restera en tête pendant des jours.

Les montagnes russes de **Matterhorn Bobsleds** sont un autre classique du parc, de même que **Mr Toad's Wild Ride**, balade en vieux tacot ouvert à travers Londres, inspirée du *Vent dans les saules*.

Les plus petits adorent également les tasses tourbillonnantes de **Mad Tea Party**, le **King Arthur Carrousel** et s'amuser avec les personnages de Disney dans **Mickey's Toontown**, miniville où ils pourront visiter les maisons de Mickey et de Minnie et flâner devant des dizaines de boutiques.

Frontierland

Frontierland est une ode à la vieille Amérique : croisière évoquant le Mississippi dans un bateau à aubes (**Mark Twain Riverboat**), visite d'une réplique d'un voilier du XVIIIe siècle (**Sailing Ship Columbia**), balade dans une ville

☎ 714-781-4636

www.disneyland.com

1313 Harbor Blvd, Anaheim

Pass journée adulte/enfant 3-9 ans à partir de 97/91 $, pass park-hopper 2 jours 244/232 $

☑ À savoir

▶ Disneyland Resort est divisé en trois espaces : Disneyland Park, Disney California Adventure et Downtown Disney, centre commercial à ciel ouvert.

▶ Pour **dormir sur place** (☎ 800-225-2024, réservation 714-956-6425 ; www.disneyland.com), réservez auprès du Disneyland Hotel ou du Disney's Grand Californian Hotel.

▶ Pendant la haute saison estivale, le parc ouvre généralement de 8h à minuit, et le reste de l'année de 10h à 20h ou 22h. Le Disney California Adventure ferme à 22h-23h l'été.

Une petite faim ?

Disneyland Resort compte d'innombrables restaurants.

du Far West avec stand de tir et le **Big Thunder Mountain Railroad**, montagnes russes dans une mine d'or. L'île de Tom Sawyer, seule attraction du parc conçue par Walt Disney en personne, a été repensée pour accueillir les flibustiers de *Pirates des Caraïbes*, et s'appelle désormais le **Pirate's Lair on Tom Sawyer Island**.

New Orleans Square

New Orleans Square possède le charme du quartier français de la Nouvelle-Orléans. Cette place impressionnante, entourée de restaurants et d'attractions, est un hommage personnel de Walt Disney à cette ville de Louisiane dont son épouse Liliane et lui étaient tombés amoureux.

Comprendre

Les coupe-files FASTPASS et MaxPass

Les files d'attente pour les attractions sont souvent longues ; les coupe-files FASTPASS et MaxPass peuvent vous faire gagner un temps précieux.

- Insérez votre billet pour le parc ou votre abonnement annuel dans un distributeur automatique FASTPASS (situés à l'entrée des attractions) pour obtenir un ticket où figure votre heure de passage (le plus souvent 40 minutes plus tard).

- Présentez-vous dans la file d'attente FASTPASS pendant le créneau horaire précisé sur le ticket. L'attente n'excède généralement pas les 15 minutes. Conservez votre ticket FASTPASS jusqu'à ce que vous soyez dans le manège.

- Si vous avez laissé passer le créneau, vous pouvez toujours essayer de vous placer dans la file d'attente dédiée. À l'inverse, n'espérez pas passer avant le début de votre créneau horaire.

- Après chaque ticket FASTPASS, vous devrez attendre deux heures avant d'en demander un autre (l'heure à laquelle vous pourrez le faire est indiquée en bas du ticket).

- Avant de demander un ticket FASTPASS, vérifiez l'horaire du créneau proposé sur l'écran au-dessus du distributeur. Si l'heure proposée est trop tardive, ou s'il n'y a que 15 ou 30 minutes d'attente pour l'attraction en question, un FASTPASS ne vaut pas forcément le coup.

- MaxPass fonctionne sur le même principe que FASTPASS, mais il faut passer par l'application Disneyland (10 $/jour), qui comprend des téléchargements illimités sur Disney PhotoPass et permet de faire des réservations depuis votre smartphone.

Pirates of the Caribbean, la plus longue attraction de Disneyland (17 minutes), a inspiré les films *Pirates des Caraïbes*. Vous naviguerez à travers les repaires souterrains de pirates hauts en couleur, vous verrez des squelettes de boucaniers perchés sur des piles d'or, et Jack Sparrow en personne pourrait bien faire une apparition. Faites-vous peur à bord du train fantôme de la **Haunted Mansion**, qui traverse une maison remplie de spectres.

Adventureland

Vaguement inspiré des jungles d'Afrique et d'Asie du Sud-Est, Adventureland compte plusieurs attractions dont la vedette est sans conteste le safari **Indiana Jones Adventure**. Les plus petits adorent grimper les escaliers menant à la **Tarzan's Treehouse** ("Cabane de Tarzan") avant d'aller faire un coucou aux animatrons d'animaux exotiques peuplant les cours d'eau d'Amérique du Sud, d'Afrique, d'Inde et d'Asie du Sud-Est de la **Jungle Cruise**. Autre classique, l'**Enchanted Tiki Room** recèle des statues de dieux et déesses hawaïens et un feu d'artifice de fleurs et d'animatrons d'oiseaux.

Disney California Adventure

En face de l'entrée dans Disneyland, de l'autre côté de la place, **Disney California Adventure** (DCA) est un univers à part tout entier voué à la Californie, à sa géographie, à son histoire et à sa culture – envisagées façon Disney, dans une version aseptisée et tous publics. Ouvert en 2001, DCA, qui couvre une plus grande superficie que Disneyland, est moins bondé et offre des manèges et attractions plus modernes.

Comprendre

Feux d'artifice, parades et spectacles

Tous les soirs, le spectaculaire feu d'artifice **Remember – Dreams Come True** est tiré au-dessus du château. Lors de la **Mickey's Soundsational Parade**, des chars et les personnages les plus célèbres de l'univers Disney défilent en musique dans Main Street USA en compagnie d'orchestres, des sons latinos à l'ambiance Bollywood.

World of Color, le plus beau spectacle de DCA, est un époustouflant son et lumière de 22 minutes projeté au-dessus de Paradise Bay. Il est conseillé de prendre un ticket FASTPASS.

Hollywood Land

L'usine à rêve qu'est Hollywood est reproduite en miniature à Hollywood Land, avec ses studios d'enregistrement, ses décors amovibles, et, bien sûr, une boutique des studios. La dernière attraction en date est **Guardians of the Galaxy: Mission BREAKOUT!**, une tour avec des chutes de 40 m dans la cage d'ascenseur. Pas fan de sensations fortes ? Faites une balade en taxi dans "Monstropolis" avec le manège **Monsters, Inc: Mike & Sulley to the**

Rescue!, ou allez voir l'adaptation pour la scène d'une heure de *La Reine des neiges* à l'**Hyperion Theater**.

Grizzly Peak

Grizzly Peak est une ode à la beauté naturelle et aux succès technologiques de la Californie. Son attraction vedette est **Soarin' Around the World**, balade en deltaplane virtuel au-dessus des plus beaux sites de l'État rendue possible par la technologie Omnimax. Laissez-vous caresser par la brise chargée de senteurs et admirez les paysages.

Au **Grizzly River Run**, descendez la Sierra Nevada en rafting – à réserver aux journées chaudes. Sous l'œil vigilant de faux *rangers*, les petits s'aventureront sur le **Redwood Creek Challenge Trail**, un sentier bordé de séquoias, de tours de bois et de postes d'observation, d'éboulements et de murs d'escalade.

Cars Land

Le design incroyablement détaillé de cette partie du parc, inspirée des films Disney-Pixar à succès *Cars*, mérite d'être loué, notamment le **Radiator Springs Racers**, une course de voitures qui vous embarque dans un décor reproduisant minutieusement le Grand Ouest américain.

Prenez place dans les remorques de tracteur sillonnant la "piste de danse" du **Mater's Junkyard Jamboree**, ou à bord des voitures roulant au rythme de tubes rétro de **Luigi's Rollickin' Roadsters**, et appréciez l'atmosphère chargée de nostalgie des boutiques et *diners* (dont le Cozy Cone Motel, en forme de cônes de signalisation) de la Route 66, le soir à la lumière des néons.

Paradise Pier

Si vous aimez les fêtes foraines, vous adorerez Paradise Pier, qui s'inspire des parcs d'attractions de plages californiennes. Ultramodernes, les montagnes russes du **California Screamin'** ressemblent à un manège à l'ancienne, en bois, mais les rails sont incroyablement lisses : on a l'impression de filer comme un boulet de canon ! Tout aussi courue, la **Toy Story Midway Mania!** est une attraction en 4D où vous affrontez les autres passagers de votre véhicule à des jeux de foire à l'ancienne – mais numériques.

Downtown Disney

Sorte de temple du marketing, Downtown Disney est un centre commercial à ciel ouvert, coincé entre les deux parcs à thème et les hôtels, d'où vous aurez du mal à vous échapper, et où les tentations sont nombreuses, entre magasins (pas uniquement Disney), restaurants et autres divertissements. La plupart ouvrent et ferment en même temps que les parcs.

0 200 m
0 0,1 mile
Mickey's Toontown
Disneyland Railroad
It's a small world
Disneyland Railroad
Big Thunder Mountain Railroad
Mad Tea Party
Fantasyland
Mr Toad's Wild Ride
Finding Nemo Submarine Voyage
Rivers of America
Frontierland
Critter Country
Sleeping Beauty Castle
Disneyland
Buzz Lightyear Astro Blasters
Tomorrowland
Star Tours
Disneyland Railroad
Haunted Mansion
Disneyland Railroad
DISNEYLAND PARK
Pirates of the Caribbean
New Orleans Square
Main St USA
Hyperspace Mountain
Adventureland
DOWNTOWN DISNEY
Indiana Jones Adventure
Disneyland Railroad
C-Train
Harbor Blvd
Entrée
Disneyland
Entrée principale
Entrée
Grand Californian Hotel & Spa
Soarin' Around the World
Monsters, Inc
Sunshine Plaza Buena Vista St
Hollywood Land
Grizzly Peak
Grizzly River Run
Hyperion Theater
Redwood Creek Challenge Trail
Disney Way
A Bug's Land
Paradise Bay
DISNEY CALIFORNIA ADVENTURE
Paradise Pier
Luigi's Rollickin' Roadsters
Cars Land
Toy Story Midway Mania!
Disney Way
California Screamin'
Radiator Springs Racers
Katella Ave
Disneyland Dr
Disneyland Dr
I-5
I-5

Pacific Park

Los Angeles
selon ses envies

Les plus belles balades

Envie de...

Pacific Park et la jetée de Santa Monica (p. 94)
MEEYAK/500PX ©

Les plus belles balades
Venice

Itinéraire

Venice, c'est un mode de vie, une philosophie un peu loufoque où l'on croise un charmeur de serpent en maillot de bain, un ménestrel sikh en rollers et des rêveurs fous. Ses adeptes vivent dans un monde bien à eux, et savent que leur petite enclave balnéaire est plus paradisiaque que tous les autres quartiers de LA réunis.

Départ Angle Ocean Front Walk et Washington Blvd ; Bus BBB 1

Arrivée Abbot Kinney Blvd ; Bus Metro 33

Distance 5,6 km ; 2 heures

Une petite faim ?

Rien de tel pour se détendre les jambes que l'un des nombreux cafés et restaurants bordant Abbot Kinney Blvd. Pour manger sur le pouce, passez au comptoir de plats à emporter de **Gjelina** (voir p. 115).

Muscle Beach (p. 111)

❶ South Venice Beach

Au sud de Venice Pier s'étend à perte de vue la **plage** de South Venice.

❷ Canaux

Nombre d'Angelenos l'ignorent : à quelques rues de la cohue qui règne sur la promenade, ce quartier idyllique recèle les 5 km restant des **canaux** (voir p. 113) voulus par Abbot Kinney, magnat du tabac qui investit les lieux au début du XXe siècle.

❸ Front de mer

Venice Boardwalk (voir p. 110), la fameuse promenade du front de mer, est le cœur battant du quartier.

❹ Muscle Beach

Les fans de musculation à tendance exhibitionniste viennent bronzer et transpirer dans ce **gymnase en plein air** (voir p. 111) sur Venice Boardwalk, où Arnold Schwarzenegger s'entraînait autrefois.

❺ Venice Beach Art Walls

Couverts de graffitis, les tours et murs

de béton du **Venice Beach Art Walls** (voir p. 111) sont des plus photogéniques. Les lieux sont à la disposition des artistes de la bombe munis d'un permis.

❻ Venice Skatepark

Le **skatepark** (voir p. 111) assure un spectacle continu, particulièrement photogénique lorsque le soleil se couche sur l'océan.

❼ Figtree's Cafe

Si vous avez un petit creux, **Figtree's Cafe** (www.figtreescafe.com ; 429 Ocean Front Walk ; entrées 8-13 $, plats 11-16 $; 🕗8h-21h) sert la meilleure cuisine de la promenade.

❽ Ballerina Clown et Binocular Building

Deux des édifices les plus insolites de Venice sont dans Main St. La pharmacie au croisement avec Rose Ave s'annonce par un **clown-ballerine**, œuvre de Jonathan Borofsky (1989).

À 150 m à peine, le **Binoculars Building** (voir p. 114) fut réalisé par Frank Gehry – mais la paire de jumelles à laquelle il doit son nom est signée Claes Oldenburg et Coosje van Bruggen.

❾ Abbot Kinney Boulevard

Hommage au fondateur de Venice, ce **boulevard** (voir p. 113) est également l'un des plus appréciés du quartier pour ses boutiques et restaurants tendance.

Les plus belles balades
Downtown

Itinéraire

Quartier historique, métissé et fascinant, Downtown voit se cotôyer architecture Beaux-Arts du XIXe siècle et immeubles utramodernes, dont le Walt Disney Concert Hall est le plus beau représentant. Conçu par Frank Gehry, il est également le témoin du renouveau du quartier, en plein effervescence.

Départ LA Live ; M Pico

Arrivée Union Station ; M Union Station

Distance 6 km ; 3 heures

Une petite faim ?

Le **Grand Central Market** (voir p. 133) fait ici un excellent prétexte à une pause, aussi bien pour le marché de gros de produits exotiques que pour ses stands de restauration remis au goût du jour.

KIT LEONG/SHUTTERSTOCK ©

Union Station (p. 132)

❶ Grammy Museum

Incontournable pour les amateurs, le **Grammy Museum** (voir p. 130) captive même les néophytes avec ses installations interactives explorant les genres et l'histoire de la musique populaire américaine.

❷ Fashion District

Le cœur de ce **paradis du shopping** (voir p. 126) bat à l'intersection de 9th St et de Los Angeles St.

❸ Broadway

Ancien haut lieu du divertissement à Los Angeles, cette avenue a compté jusqu'à une dizaine de théâtres. L'**Orpheum Theater** (voir p. 127), édifié en 1926 et le **United Artists Theatre** (voir p. 138), récemment rénové, sont les témoins de cet âge d'or.

❹ Pershing Square

Centre historique de Downtown, **Pershing Sq** fut le premier parc public de la ville. Des concerts y sont organisés en été.

❺ Grand Central Market

Le rez-de-chaussée du bâtiment de style Beaux-Arts (1905) où est installé le **Grand Central Market** (voir p. 133) abritait autrefois le bureau de Frank Lloyd Wright.

❻ Museum of Contemporary Art

Occupant tout l'édifice d'Arata Isozaki, les collections du **MOCA Grand** (voir p. 130) présentent un beau panorama de l'art des années 1940 à nos jours.

❼ Walt Disney Concert Hall

Gehry s'est surpassé pour créer le **Walt Disney Concert Hall** (voir p. 124) : sa structure d'acier évoque un bateau fendant des flots déchaînés.

❽ Pueblo de Los Ángeles

Ici est née LA : les premiers colons s'installèrent ici en 1781 et le **Pueblo de Los Ángeles** (voir p. 132) compte les plus vieux bâtiments de la ville.

❾ Union Station

Superbe construction de style mission aux accents Art déco, **Union Station** (voir p. 132) ouvrit en 1939. C'est le dernier témoin de l'âge d'or des grandes gares américaines. L'écrivain Charles Bukowski travailla un temps au bureau de poste (Terminal Annex), 200 m au nord de la gare.

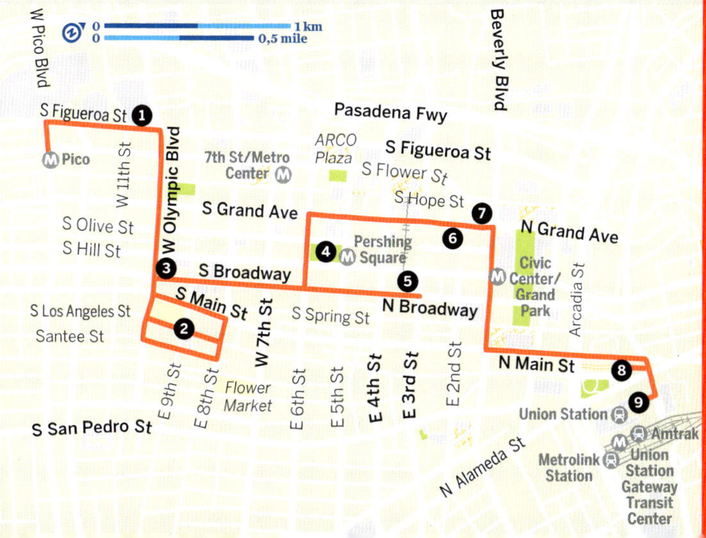

Envie de... Restaurants

Il aurait été étonnant que le formidable métissage culturel de Los Angeles ne se retrouve pas dans les assiettes. On peut donc y savourer des plats du monde entier, mais également tenter l'aventure de la cuisine fusion – tacos mexicano-coréens, *donuts* sucré/salé au *cream cheese* végétalien... La ville a sans doute des défauts, mais, côté cuisine, rien à redire !

Stars en cuisine

L'ascension des chefs au rang de célébrités, et l'évolution des cuisines de restaurant en scène de spectacle, remonte aux années 1980, et c'est à Beverly Hills, chez Wolfgang Puck et Spago, que tout a commencé. Depuis, les plus grands chefs du monde ont afflué, se disputant la clientèle des hommes d'affaires et des stars d'Hollywood – quand ils ne s'associaient pas avec eux. Nobu Matsuhisa, Thomas Keller, Mario Batali, Ludovic Lefebvre, Michael Voltaggio, Brooke Williamson, Jon Shook et Vinny Dotolo comptent aujourd'hui parmi les personnalités incontournables de la scène culinaire de la ville.

Food Trucks

Les gastronomes les plus avisés vous le diront : certaines des meilleures surprises de la ville, qu'il s'agisse de plats traditionnels ou de cuisine moderne, sortent des cuisines des *food trucks*. Retrouvez les meilleurs sur **Roaming Hunger** (roaminghunger.com) et consultez leur site Web ou leurs comptes Twitter ou Instagram pour les localiser. Petite sélection : **Free Range** (www.freerangela.com), **Guerrilla Tacos** (www.guerrillatacos.com), **Kogi BBQ** (kogibbq.com), **Plant Food for People** (pffp.org), **Ta Bom Truck** (www.tabomtruck.com) ou encore **Yeastie Boys** (yeastieboysbagels.com).

GRZEGORZ CZAPSKI/SHUTTERSTOCK ©

☑ À savoir

- Consultez la section culinaire du *LA Times*, signée Jonathan Gold – récompensé par un prix Pulitzer et sujet du documentaire de Laura Gabbert (2016) *City of Gold*, véritable ode à la gastronomie de LA.
- De nombreux restaurants sont ouverts 7 jours sur 7 ; certains ferment le dimanche et/ou le lundi.

Page de gauche : stands gastronomiques au Grand Central Market (p. 133) ; ci-dessus : pièce de bœuf au Musso & Frank Grill (p. 34)

Les meilleurs restaurants

Cassia Délicieuse fusion Orient-Occident. (p. 102)

Otium Subtiles saveurs américaines modernes et cocktails inventifs. (p. 125)

Gjelina Copieuses assiettes à partager et succulentes pizzas. (p. 115)

Petit Trois Cuisine française signée Ludo Lefebvre. (p. 33)

Musso & Frank Grill Tout droit sorti de l'âge d'or d'Hollywood. (p. 34)

Bob's Big Boy *Diner* à l'architesture rétrofuturiste à deux pas des studios Warner. (p. 150)

Nate 'n Al *Deli* à l'ancienne de Beverly Hills. (p. 63)

Casita del Campo Saveurs mexicaines dans un décor années 1960 kitsch à souhait et un bar au sous-sol. (p. 51)

À l'ancienne

Canter's Spécialités casher 24h/24 et 7j/7, une immense pâtisserie et un bar branché. (p. 85)

Cole's Taverne en sous-sol de Downtown où aurait été créé un sandwich mythique. (p. 133)

Sur le pouce et à emporter

Petit Trois Décadents doubles cheeseburgers à la française. (p. 33)

Cassia Pot-au-feu vietnamien (*phô*) au bœuf, où mijotent légumes et os à moelle. (p. 102)

HomeState Sandwichs à la poitrine de porc à tomber. (p. 50)

MB Post Tagliatelles aux calamars à l'encre avec piments piquillo, *ragu* de tomates, basilic thaïlandais et croûtons. (p. 121)

Madcapra Succulents sandwichs aux falafels, préparés à la commande. (p. 133)

Crossroads "Huîtres" végétaliennes à base d'artichaut. (p. 64)

Salt & Straw Croquant aux amandes et sa glace à la ganache salée. (p. 114)

Sqirl Brioche grillée servie avec ricotta maison et confiture. (p. 50)

Eggslut Sandwich Fairfax (œufs, oignons confits, cheddar et sauce pimentée). (p. 114 et 133)

Envie de... Bars

C'est peu dire que la vie nocturne est riche à Los Angeles et les bars de la ville reflètent cette diversité. De la brasserie au décor postindustriel aux institutions chics aux cocktails renommés, en passant par les anciens *speakeasies* réhabilités, il y en a pour tous les goûts. Et si vous êtes plus smoothie que martini, les bars à jus et autres adresses *healthy* vous tendent les bras.

Dernière tendance : les jus pressés à froid

La Californie du Sud avait déjà inventé le smoothie, aujourd'hui, c'est une nouvelle tendance qui fait fureur : les jus pressés à froid. Si les jus conventionnels sont extraits à l'aide de lames déchiquetant les fruits, les jus pressés à froid sont obtenus par simple pression, un procédé censé éviter la déperdition du jus en vitamines, minéraux et enzymes actifs causée par la chaleur et l'oxydation résultant du frottement des lames.

Purement et simplement

La subtilité du jus de grenade ou de pamplemousse n'est pas du goût de tout le monde, et, pour certains, les sirops et herbes fraîches ne font que masquer la saveur d'un alcool de qualité. Est-ce manquer de goût que de penser ainsi ? Au contraire : lorsqu'il sort boire un verre, le puriste recherche les bars privilégiant les meilleurs rhums, tequilas, mescals, whiskies et bourbons naturels et sans artifice. Installé au bar, il prend plaisir à examiner les bouteilles et commande un grand cru, si possible vieux, et toujours dégusté sec.

THESABRINA/GETTY IMAGES ©

☑ À savoir

- On vous demandera une pièce d'identité dans de nombreux bars de Los Angeles, peu importe votre âge. Ayez-en une sur vous si vous ne voulez pas rester à la porte.
- La loi californienne fixe le taux d'alcool dans le sang maximum à 0,08 % pour conduire. Au-delà, ne prenez pas le volant : c'est illégal et irresponsable. Prenez un taxi ou faites vous raccompagner.
- Downtown est une mine de bars branchés tout proches les uns des autres.

Bar Marmont (p. 66)

Alcools fins

El Carmen Temple de la tequila et du mescal, avec une bonne centaine de références. (p. 86)

Harvard & Stone Whiskies et bourbons artisanaux et cocktails du jour. (p. 36)

Bar Marmont Institution hollywoodienne. (p. 66)

Varnish Minuscule *speakeasy* tout en angles, avec d'excellents concerts de jazz du dimanche au mardi. (p. 137)

Cocktails avec vue

Onyx Seul bar de Santa Monica possédant une terrasse extérieure sur le toit. (p. 103)

Upstairs at the Ace Hotel Vue imprenable, cocktails corsés et ambiance "safari" posent le décor de ce bar de Downtown. (p. 136)

Bars historiques

Chez Jay Institution de Venice, inchangée depuis 1959. (p. 102)

Frolic Room Tripot tapissé de velours authentiquement hollywoodien, qui a vu passer son lot de personnalités, de Judy Garland à Charles Bukowski. (p. 25)

Polo Lounge On se met sur son trente et un pour siroter l'un des cocktails du bar du célèbre Beverly Hills Hotel. (p. 66)

Dresden *Lounge* mythique des années 1950, que l'on peut voir dans le film non moins culte *Swingers* (1996). (p. 51)

Bars à bières

Mikkeller DTLA Au cœur de Downtown, bières de connaisseurs dans un décor épuré. (p. 136)

Library Alehouse À Santa Monica, goûtez les bières de 29 microbrasseries en contemplant l'océan. (p. 101)

Bars canailles

Frolic Room Loin du glamour d'Hollywood, un tripot jadis apprécié de l'écrivain Charles Bukowski. (p. 25)

New Jalisco Bar Boissons à petits prix et ambiance chaleureuse attirent hipsters et Latinos dans le plus canaille des bars gay de Downtown. (p. 136)

Envie de... Concerts

Los Angeles a écrit quelques beaux couplets de l'histoire musicale des États-Unis. La plupart des *majors* ont leur siège ici, les Doors ou Rage against the Machine – entre autres nombreux groupes mythiques – s'y sont formés, et Hollywood révèle bien souvent les popstars de demain. Ne quittez pas cette ville au nombre incalculable de scènes – du piano-bar intimiste à l'auditorium de plusieurs milliers de place – sans assister à un concert.

Musique de nuit

Comme le son des vagues ou le doux bruit d'une pluie de printemps, la musique peut être un instant de perfection, si toutes les conditions sont réunies : des amis ouverts d'esprit, des musiciens généreux, une nuit idéale de Californie du Sud... Rockeurs à tendance baba-cool, DJ dans Echo Park, jazzmen au LACMA, ou encore membres de l'orchestre philharmonique local et stars de la pop : tous contribuent à faire vibrer la Cité des Anges dès la nuit tombée. Téléchargez sur votre smartphone l'appli **Bandsintown** pour suivre la programmation.

Les plus belles salles

Hollywood Bowl Le plus beau cadeau de LA à la musique et à tous ses amoureux. (ci-dessus ; p. 36)

Greek Theatre Deuxième de notre top, juste derrière le Hollywood Bowl. (p. 52)

El Rey Concerts rock et indés dans un ancien cinéma. (p. 86)

The Echo et Echoplex Programmation de sets DJ et de futures stars du rock. (p. 55)

Fonda Theatre Nouveaux talents et légendes de toujours. (p. 38)

DEBBY WONG/SHUTTERSTOCK ©

☑ À savoir

- Pour ne manquer aucun concert, consultez la rubrique "Calendar" du site de ***LA Weekly*** : www.laweekly.com.

Concerts gratuits

LACMA Six mois par an, des notes de jazz s'élèvent de l'esplanade chaque vendredi. (p. 78)

Grand Performances Les musiques du monde sont au cœur de ces soirées estivales qui font le plein. (p. 138)

Getty Center Rock alternatif et musiques du monde en plein air lors du festival "Off the 405". (p. 72)

Santa Monica Pier Concerts tous les jeudis soir en été. (p. 94)

Envie de... Scène gay et lesbienne

GABRIEL OLSEN/CONTRIBUTOR/SHUTTERSTOCK ©

Le drapeau arc-en-ciel flotte fièrement sur Boystown, section de Santa Monica Blvd (p. 65) où des dizaines de bars, cafés, restaurants, salles de gym et clubs ciblent essentiellement une clientèle masculine et gay – mais lesbiennes et hétérosexuels, hommes comme femmes, sont les bienvenus. Silver Lake et Long Beach sont tout aussi *gay-friendly*, et les bars gay se multiplient depuis peu dans Downtown.

Festivals LGBT

Chaque année, le **Halloween Carnaval** (www.visitwesthollywood.com/halloween-carnaval) rassemble 500 000 personnes sur Santa Monica Blvd, à West Hollywood. En juin, **LA Pride** (www.lapride.org), à la fois défilé et festival ponctué d'expositions et de spectacles, célèbre la diversité et attire une foule aussi immense que bigarrée – l'édition 2017 s'est transformée en une manifestation géante contre la discrimination envers la communauté LGBT.

Spots de nuit

The Abbey Selon certains, le meilleur bar gay au monde. À vous de juger ! (p. 65)

Akbar (323-665-6810 ; www.akbarsilverlake.com ; 4356 W Sunset Blvd, Silver Lake ; 16h-2h). Décor de casbah et ambiance chaleureuse.

Bar Mattachine Cocktails inventifs dans une atmosphère contemporaine, décontractée et joviale. (p. 136)

Eagle LA (323-669-9472 ; www.eaglela.com ; 4219 Santa Monica Blvd, Silver Lake ; 16h-2h lun-ven, 14h-2h sam-dim ;). Vous ne trouverez jamais en ville plus de vestes en cuir que dans ce bar gay.

Spectacles

Celebration Theatre (323-957-1884 ; www.celebrationtheatre.com ; 6760 Lexington Ave, Hollywood). L'une des meilleures scènes LGBT du pays.

Cavern Club Theater Spectacles de drag-queens et autres événements délicieusement kitsch, au sous-sol d'un restaurant mexicain. (p. 51)

Gay Men's Chorus of Los Angeles (www.gmcla.org). Extraordinaire chorale gay, fondée en 1979.

Envie de... Shopping

Comment ne pas craquer pour cette petite robe vintage ou ce séduisant fourre-tout ? Quid de cette lampe années 1950 qui éclairera à merveille un rarissime scénario dédicacé ? LA est une ville créative et fantaisiste... jusque dans les rayons de ses boutiques !

Boutiques indépendantes

Les boutiques et marques indépendantes pèchent surtout par leurs prix, généralement bien supérieurs à ceux pratiqués par les enseignes de chaînes américaines comme Banana Republic. Toutefois, si l'éthique guide vos choix d'emplettes, les "petites" boutiques de Los Angeles sont faites pour vous. Chinez parmi les articles déstockés du Fashion District avant de dénicher les créateurs de demain dans l'Arts District, à Silver Lake, Echo Park ou Venice. Little Tokyo possède également son lot de boutiques typiques – et pas uniquement japonaises.

La fièvre des magasins

Des malls – comme **The Grove** (voir p. 88) ou le **Beverly Center** (voir p. 71) – aux boutiques ultrasélect des grands noms de la mode en passant par les friperies, la ville ne manque pas de magasins où refaire sa garde-robe et l'on est parfois pris d'une fièvre acheteuse face à une offre si large. Avant de sortir votre CB, rappelez-vous toutefois que les prix à Los Angeles – comme partout ailleurs aux États-Unis – sont affichés hors taxes, lesquelles seront ajoutées à votre passage en caisse (9,5 % lors de nos recherches). Enfin, si le taux de change était largement favorable à l'euro il y a de cela quelques années, le cours du dollar est depuis remonté – consultez les taux actualisés sur le site www.xe.com.

EARTHSCAPE IMAGEGRAPHY/SHUTTERSTOCK ©

Avenues commerçantes

Rodeo Dr Marques de luxe et vêtements hors de prix. (p. 60)

Melrose Ave Destination idéale pour se composer un look – ou dénicher l'introuvable. (p. 70)

Abbot Kinney Blvd Boutiques indépendantes en tous genres, non loin de la plage. (p. 113)

Pour la plage

General Admission Serviettes de plage et accessoires de surf haut de gamme. (p. 118)

Aviator Nation Sweats à capuche et autres vêtements relax de créatrice. (p. 119)

Bo Bridges Gallery Photographies d'art sur le thème de la plage. (p. 121)

À gauche : Abbot Kinney Blvd (p. 113) ; En haut : Book Soup (p. 68)

Shopping décalé

Spitfire Girl Notre boutique préférée pour des cadeaux : une mine d'articles adorables. (p. 53)

Wacko Temple du kitsch délirant, avec un agréable penchant littéraire. (p. 53)

Mystic Journey Articles new age à Venice. (p. 118)

Seconde main

Luxe De Ville Haute couture d'occasion, mais comme neuve. (p. 52)

It's a Wrap! Vêtements en provenance de plateaux de tournage. (p. 153)

Amoeba Music Choix immense de CD, vinyles, DVD musicaux et objets de collection. (p. 38)

Librairies

Last Bookstore in Los Angeles Gigantesque librairie indépendante, installée dans une ancienne banque de Downtown. (p. 139)

Book Soup Librairie mythique de WeHo, où sont fréquemment organisés des événements littéraires. (p. 68)

Skylight Books Librairie de quartier cosy à Los Feliz, avec ouvrages méconnus et événements réguliers. (p. 53)

Mystery Pier Books Librairie spécilisée dans le roman policier ; livres neufs et de collection. (p. 69)

Vaut le détour

Hipsters et costumiers d'Hollywood se disputent les articles des boutiques vintage de **Retro Row's** (4thstreetlongbeach.com ; 4th St entre Cherry Ave et Junipero St, Long Beach). Vous n'avez le temps que pour une boutique ? Optez pour **Meow** (☎562-438-8990 ; www.meowvintage.com ; 2210 E 4th St ; 🕑12h-19h lun-ven, 11h-19h sam, 12h-18h dim), dont le propriétaire a l'œil pour choisir ce qu'il met en rayon : difficile de repartir les mains vides.

Envie de...
Sorties en famille

Los Angeles n'a pas l'image d'une destination familiale, et, en observant la foule sur Rodeo Dr ou le Sunset Strip, on en vient à se demander si tous les Angelenos n'ont pas abandonné leurs enfants à leur baby-sitter. Pourtant, LA offre une multitude d'activités pour les bambins, entre parcs d'attractions et musées interactifs.

Le LA des enfants

Les parents avisés emmèneront leurs enfants à la plage à Venice, Santa Monica ou Malibu – que l'on peut également remonter à vélo – ainsi que dans les parcs, où ils pourront s'adonner à la marche, à l'exploration et à l'observation des animaux.

Les zoologues en herbe iront observer les chimpanzés au **zoo** (voir p. 48) du Griffith Park, tandis que les futurs paléontologues étudieront les squelettes de tigre à dents de sabre du **La Brea Tar Pits** (voir p. 76) ou les dinosaures du **Natural History Museum** (voir p. 141) d'Exposition Park. Le **Petersen Automotive Museum** (voir p. 82), récemment rénové, compte désormais des expositions conçues pour les enfants et le **California Science Center** (voir p. 141) comblera les plus curieux.

Mais le clou d'une visite à Los Angeles pour les enfants reste bien sûr une journée dans les parcs à thèmes de **Disneyland** (voir p. 154) et d'**Universal Studios** (voir p. 146), et les jeux de fête foraines du plus économique **Pacific Park** (voir p. 95).

Aventure animalière

Los Angeles Zoo
1 100 créatures à poils, à plumes ou à écailles représentant plus de 250 espèces. (p. 48)

Au grand air

Griffith Park L'un des plus grands parcs urbains des États-Unis, et un manège à l'ancienne de toute beauté. (p. 48)

Echo Park Lake En pédalo ou en canoë, à la rencontre des canards et des cygnes... et d'un immense jet d'eau. (p. 54)

Manhattan Beach
Cette magnifique plage a, en prime, l'avantage stratégique d'être à deux pas d'un marchand de glaces qui sera peut-être votre sauveur. (p. 120)

Santa Monica Les enfants adorent la jetée avec son manège d'antan, sa grande roue à l'énergie solaire et son petit aquarium où ils ont le droit de toucher certaines créatures marines. Et la plage n'est pas mal non plus. (p. 92)

C'est magique !

Magicopolis Spectacles de magie. (p. 104)

Au musée

Griffith Observatory Pour le planétarium en journée, et pour l'observation au télescope à la nuit tombée. (p. 42)

California Science Center La navette spatiale, la simulation de tremblement de terre et la poupée-robot géante Tess réveilleront l'enfant qui sommeille en vous. (p. 141)

Natural History Museum L'évolution du vivant à découvrir lors d'un voyage à travers le temps et les continents. (photo ci-contre ; p. 141)

À table

Bob's Big Boy *Diner* à l'ancienne avec menu enfant. (p. 150)

Uncle Bill's Pancake House Une crêpe (épaisse) face à l'océan : quoi de mieux ? (p. 121)

Original Farmers Market Dédale de restaurants et d'étals où même les enfants les plus difficiles trouveront quelque chose à leur goût. (p. 84)

Artistes en herbe

Getty Center Expositions interactives, divertissements et jardins raviront les enfants. (p. 72)

LACMA Sculptures géantes et une galerie où l'on peut toucher à tout : idéal pour révéler les talents artistiques de votre progéniture. (p. 78)

Vaut le détour

À Long Beach, à la limite entre le sud de LA et Orange County, l'**Aquarium of the Pacific** (tickets 562-590-3100 ; www.aquariumofpacific.org ; 100 Aquarium Way, Long Beach ; tarif plein/senior/-12 ans 30/27/18 $; 9h-18h ; P) est une sorte d'immense océan intérieur high-tech peuplé de requins, de méduses et de lions de mer. Plus de 11 000 créatures évoluent dans quatre écosystèmes reconstitués : les baies et lagunes de Basse-Californie, les eaux glaciales du Pacifique nord, un ensemble de récifs coraliens tropicaux et les forêts de kelp de la région. De l'autre côté du port est amarré le mythique paquebot **Queen Mary** (877-342-0738 ; www.queenmary.com ; 1126 Queens Hwy, Long Beach ; visites guidées tarif plein/-12 ans à partir de 27,95/20,95 $; visites 10h-18h ou plus tard ; P ; Passport, AquaBus, AquaLink).

Envie de... Activités en plein air

Les Angelenos ont beau passer des heures dans les bouchons, ils trouvent toujours le temps de profiter des formidables aventures en plein air qu'offrent leur ville adorée : superbes randonnées en montagne, jogging dans l'un des plus grands parcs urbains du pays, surf et farniente sur les plages du Pacifique... Mecque des fous de fitness, la ville, avec plus de 300 jours d'ensoleillement par an, est peuplée d'habitants aussi bronzés que musclés.

Randonnée

"Nobody walks in LA" mais tout le monde randonne : la ville est cernée par deux massifs montagneux sillonnés d'innombrables canyons. **Modern Hiker** (modernhiker.com) est une mine d'informations sur les sentiers autour de la ville.

Beach-volley

C'est à Santa Monica qu'est né le beach-volley, aujourd'hui sport olympique, dans les années 1920. La plupart des plages du comté sont équipées de filets, notamment celles de Santa Monica, Venice et Manhattan Beach, où ont lieu chaque été les tournois de l'AVP (Association of Volleyball Professionals) **Pro Beach Volleyball** (avp.com ; Manhattan Beach ; ⌚mi-août).

Sports de glisse

La culture skate est née à Dogtown (voir p. 119) dans les années 1970, et le **skatepark** (voir p. 111) de Venice est l'endroit idéal pour enchaîner *slides* et *ollies*. Et, si la ferveur pour le surf qui règne à LA vous gagne, cap sur la **plage de Santa Monica** (voir p. 94) pour vous y mettre.

KRIS DAVIDSON/LONELY PLANET ©

Petites randos et grands panoramas

Hollyridge Trail Ce sentier fait partie du **Griffith Park**, mais on y accède de préférence depuis le Bronson Canyon ; il conduit au pied du panneau Hollywood. (p. 48)

Runyon Canyon Destination de randonnée et de rendez-vous amoureux, pour une vue de légende sur la Cité des Anges. (p. 30)

Cyclistes du dimanche

South Bay Bicycle Trail Face à l'océan, de Santa Monica à Redondo Beach. (p.95)

Griffith Park, Vélos à louer dans le parc. (p. 48)

Envie de... **Plages**

Difficile de résister à l'appel de l'océan lorsque l'on vit dans une ville comptant des kilomètres de bandes de sable. La plage et le surf font partie intégrante du mode de vie de la Californie du sud. Alors, faites comme tout le monde : séchez les cours et partez surfer quand ça vous chante !

Tenue correcte exigée

Si l'on peut se promener en maillot le long de la côte, il n'en est pas de même en ville, comme le rappellent les panneaux "No shoes, no shirt, no service" ("pas de chaussures, pas de T-shirt, pas de place pour vous") qui pullulent sur les vitrines des restaurants et boutiques de LA.

Yo, on va surfer ?

Le surf imprègne tous les aspects de la culture de LA, de la mode au jargon local. Les plus grosses vagues arrivent à la fin de l'automne et en hiver, tandis que les eaux moins froides de mai et juin sont aussi les plus calmes. Mais, en dehors de juillet-août, surfer sans combinaison, c'est l'hypothermie assurée ! Vous trouverez équipements et cours à Santa Monica (voir p. 98), notamment.

Californian way of life

Venice Boardwalk La Mecque des surfeurs, des cyclistes, des skateurs et du roller-blade. (p. 110)

Santa Monica Beach La célèbre jetée (ci-contre) et ses attractions font de cette plage le choix idéal pour les familles. (p. 94)

Manhattan Beach De l'espace, des vagues, et de la classe. (p. 120)

Les meilleures vagues

El Matador State Beach Rochers spectaculaires et bonnes vagues. (photo ci-dessus ; p. 107)

MAANUS KULLAMAA/SHUTTERSTOCK ©

☑ À savoir

▶ La Californie est bordée de courants froids venus d'Alaska, ce qui ne facilite pas la baignade la majeure partie de l'année. La température de l'eau devient tolérable à partir de mai, avec un pic en juillet-août.

Envie de...
Voir des stars

Avouez-le : vous aimeriez bien apercevoir quelques célébrités. Pourquoi s'en cacher ? Après tout, vous êtes à Hollywood, dans l'usine à rêves où elles sont fabriquées.

C'est surtout dans leur habitat naturel que l'on trouve le plus de stars : au restaurant, surtout à Hollywood, West Hollywood et Mid-City. Autres pistes : au cinéma, surtout à l'ArcLight Hollywood (voir p. 37) ; dans les boutiques de Robertson Blvd et Abbot Kinney Blvd et sur les sentiers de jogging. Ouvrez l'œil... Mais le meilleur moyen de voir des stars – et certainement le plus intéressant – reste d'assister à l'enregistrement d'une sitcom.

Repaires de stars

Rodeo Drive Temple du shopping de luxe. (p. 60)

Fred Segal Shopping très chic et clientèle ad hoc. (p. 70)

Melrose Ave Jeans moulants, talons aiguilles, bougies parfumées... et parfois quelques paparazzis. (p. 70)

Barneys New York Des stars y musardent parfois dans les rayons ou dînent au *deli*. (photo ci-dessus ; p. 69)

The Grove De Justin Bieber à Demi Lovato en passant par Kylie Jenner, tout le gratin fait son shopping dans ce centre commercial à ciel ouvert. (p. 88)

Bar Marmont Venez le soir en semaine. (p. 66)

Nobu Malibu Restaurant branché donnant sur l'océan. (p. 107)

The Ivy Cuisine du Vieux Sud et déjeuners d'affaires de célébrités. (p. 64)

Runyon Canyon Casquettes et lunettes noires ne trompent personne ! Même les vedettes aiment la randonnée ! (p. 30)

Warner Bros Studio Tour C'est ici que les stars travaillent, non ? (p. 150)

CHARLEY GALLAY/STRINGER/GETTY IMAGES ©

☑ À savoir

▶ Si vous maîtrisez un peu l'anglais, assister au tournage d'une sitcom est un moyen ludique et gratuit de découvrir les coulisses d'Hollywood. Pour voir le programme des tournages et obtenir un billet, consultez le site d'**Audiences Unlimited** (www.tvtickets.com).

Envie de... Musées

Los Angeles et ses banlieues sont jalonnées de musées gigantesques et austères, labyrinthiques et magiques, bien cachés ou fièrement dressés. Si vous visitez LA sans trouver musée à votre goût, c'est que vous n'avez pas bien cherché.

Les plus beaux musées

Getty Center Site époustouflant, architecture avant-gardiste, expos sans cesse renouvelées et trésors éternels. (photo ci-dessus ; p. 72)

The Broad Collection contemporaine de classe mondiale dans un bel édifice flambant neuf. (p. 130)

LACMA Le meilleur musée d'art de LA, pour admirer des œuvres et des antiquités du monde entier. (p. 78)

Hammer Museum Des œuvres méconnues de Monet, Van Gogh ou Mary Cassatt côtoient ici des expos pointues d'art contemporain. (p. 60)

Petersen Automotive Museum Regard futuriste sur l'automobile, dans la ville où est née le culte américain de la voiture. (p. 82)

Grammy Museum Découvrez ici l'histoire de la musique populaire américaine. (p. 130)

Hollywood Museum Sorte de grenier de grand-mère débordant de costumes et accessoires de films et de séries TV. (p. 25)

Hautement spécialisés

Museum of Jurassic Technology Un petit musée complètement déjanté. (p. 91)

Wall Project De vrais morceaux du mur de Berlin confiés à des *street artists* d'aujourd'hui par le Wende Museum. (p. 83)

ANTON_IVANOV/SHUTTERSTOCK ©

☑ À savoir

- Certains des plus beaux musées de LA sont gratuits, notamment le Broad, le Getty et le Hammer. D'autres sont gratuits certains jours, ou au moins quelques heures chaque semaine. Consultez les sites Web pour en savoir plus.
- Au Petersen Automotive Museum, n'hésitez pas à payer le supplément pour voir les incroyables modèles conservés dans "The Vault".

Envie de... Circuits organisés

Découvrir le Los Angeles des polars ? Partir à la chasse aux fantômes ? Voyager dans les cuisines du monde ? Vous imprégner d'art et d'architecture ? À vélo, en bateau ou en bus ? Pas d'inquiétude, il y en a pour toutes les envies.

Histoire et architecture

Los Angeles Conservancy (☎213-623-2489 ; www.laconservancy.org ; adulte/-18 ans 15/10 $). Le week-end, découvrez les merveilles architecturales de LA.

Esotouric (☎213-915-8687 ; www.esotouric.com ; visites guidées 58 $). Visites décalées explorant la face cachée (et parfois sordide) de LA.

Studios ciné et télé

Warner Bros Studio Tour C'est ici que se crée la magie du 7e art. (p. 150)

Paramount Pictures Le seul studio encore situé à Hollywood. (p. 28)

Art et culture

Out & About Tours (www.thelavendereffect.org/tours ; visites guidées à partir de 30 $). Visites à pied sur l'histoire LGBT de LA.

Neon Cruise (☎818-696-2149 ; www.neonmona.org ; visites guidées à partir de 55 $; ⏲en général 19h-22h30 sam, 2 fois par mois juin-sept). Visites organisées par le Museum of Neon Art (p. 53).

TMZ Celebrity Tour Visite des repaires de stars d'Hollywood, guidées par des paparazzis. (p. 28)

Aventures en plein air

Bikes & Hikes LA (☎323-796-8555 ; www.bikesandhikesla.com ; 8250 Santa Monica Blvd, West Hollywood ; visites guidées/sans guide à partir de 52/39 $, location de vélos à partir de 8,50/32 $/heure/jour). Faites du sport en visitant la ville avec le circuit à vélo "LA in a Day" de 51 km.

INGUS KRUKLITIS/SHUTTERSTOCK ©

À boire et à manger

Melting Pot Food Tours (☎424-247-9666 ; www.meltingpottours.com ; adulte/enfant à partir de 59/45 $). Venez à jeun pour enchaîner les découvertes culinaires à Mid-City, Pasadena et aux quatre coins de LA.

Carnet pratique

Carnet pratique

Avant de partir

Quand partir

Los Angeles

Températures (°C/°F) **Précipitations** (pouces/mm)

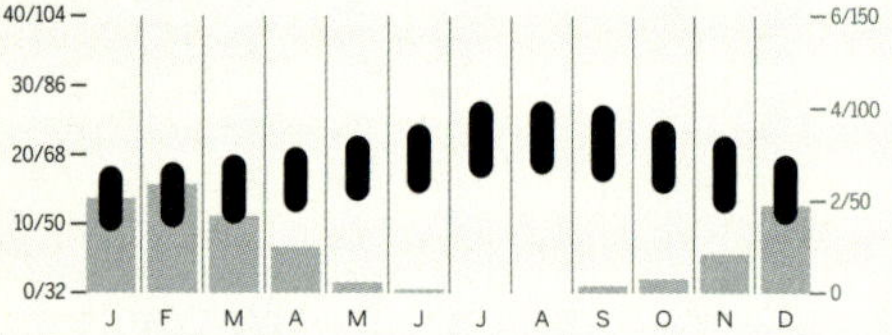

➡ **Hiver** (décembre-février) C'est la saison où il pleut le plus, notamment en janvier-février, mais le soleil reste très présent, avec des températures maximales autour de 20°C en centre-ville. Les tarifs des hébergements sont avantageux, même si la demande est élevée au moment de la cérémonie des Oscars, en février.

➡ **Printemps** (mars-mai) La période idéale pour un séjour à LA. Il pleut beaucoup moins à partir d'avril, et la chaleur oppressante de l'été est encore loin. On trouve encore des chambres à prix intéressants.

➡ **Automne** (septembre-novembre) Une période agréable. La foule de l'été s'est dispersée, il fait encore chaud, et il pleut très peu, notamment en septembre. Les nuits se rafraîchissent dès novembre.

Hébergement

La ville est immense, aussi choisissez votre hébergement au plus près de vos centres d'intérêt principaux – vie nocturne, sites culturels, plage... Un emplacement bien desservi par les grandes lignes de métro ou de bus vous évitera d'expérimenter les bouchons des heures de pointe. Toute la gamme des hébergements est représentée dans à peu près tous les quartiers. Comptez entre 150 et 300 $ la nuit pour une chambre en catégorie moyenne.

Sites Internet

Lonely Planet (www.lonelyplanet.fr). Réservation d'hôtels, forum des voyageurs.

Discover Los Angeles (www.discoverlosangeles.com). Le site officiel du tourisme à LA propose une sélection d'hôtels.

Petits budgets

HI Los Angeles-Santa Monica (www.hilosangeles.org). Auberge de jeunesse au bon rapport qualité/prix à 800 m de la jetée.

USA Hostels Hollywood (www.usahostels.com). Auberge de jeunesse en plein Hollywood.

Catégorie moyenne

Mama Shelter (www.mamashelter.com). Havre élégant et décontracté à Hollywood.

Line Hotel (www.thelinehotel.com). Hôtel design tendance minimaliste au cœur de Koreatown.

Catégorie supérieure

Montage (www.montagehotels.com/beverlyhills). Piscine avec vue sur le toit et spa à deux pas de Rodeo Dr.

Malibu Beach Inn (www.malibubeachinn.com). Vue sur l'océan et intérieur design.

Shutters on the Beach (www.shuttersonthebeach.com). Demeure façon "Nouvelle-Angleterre" au cœur de Santa Monica.

Dream Hollywood (www.dreamhotels.com). Coqueluche des designers.

Avant de partir

Vous êtes ressortissant français ? Pensez à vous enregistrer sur le **portail Ariane** (pastel.diplomatie.gouv.fr/fildariane) du ministère des Affaires étrangères. Ce service gratuit vous permet de recevoir des alertes si la situation le justifie. Crise politique, catastrophe naturelle, attentat... recevez en temps réel des consignes de sécurité lors de votre voyage.

Il existe une application pour les smartphones et les tablettes, intitulée *Conseils aux voyageurs*.

Arriver à Los Angeles

Los Angeles International Airport

La plupart des visiteurs arrivent par l'**aéroport international de Los Angeles** (LAX ; www.lawa.org/welcomeLAX.aspx ; 1 World Way) ; les vols internationaux arrivent presque tous au **Terminal international Tom Bradley**.

➡ Les 9 terminaux sont reliés par la navette gratuite **LAX Shuttle A**, qui s'arrête au niveau inférieur (arrivées). C'est là aussi que stationnent les **taxis** et les **navettes** des hôtels et des loueurs de voitures.

➡ Les bus de **LAX FlyAway** (☎866-435-9529 ; www.lawa.org/FlyAway) se rendent à Union Station (Downtown), Hollywood, Van Nuys (San Fernando Valley), Westwood Village (près d'UCLA) et Long Beach. Un aller simple coûte entre 8 et 10 $.

➡ Les bus **Disneyland Resort Express** (☎800-828-6699 ; dre.coachusa.com ; ⏲7h50-20h) partent toutes les heures ou toutes les 30 minutes pour les parcs de Disneyland Resort (adulte/enfant aller simple 30/22 $, aller-retour 48/36 $).

➡ Des bus desservant tout Los Angeles partent du **LAX City Bus Center**, grande gare routière de l'aéroport que l'on rejoint par la navette gratuite au départ du parking C.

Pour vous rendre à Santa Monica ou Venice, prenez le **Santa Monica Big Blue Bus** 3 ou Rapid 3 (1,25 $). Pour aller à Culver City, prenez le **Culver City Bus** 6 (1 $). Pour Manhattan Beach, Hermosa Beach ou Redondo Beach, montez à bord du bus **Beach Cities Transit** 109 (1 $).

➡ LAX sera bientôt relié au métro, mais il faut pour l'instant prendre la navette gratuite au parking G pour rejoindre la **Green Line**. Pour aller à Downtown, prenez ensuite la Blue Line à la station Willowbrook/Rosa Parks, direction 7th St/Metro Center. Le trajet pour Downtown prend environ une heure.

Burbank Hollywood Airport

Des vols intérieurs d'Alaska Airlines, American Eagle, Delta Connection, JetBlue, Southwest et United Airlines atterrissent également à l'**aéroport de Hollywood/Burbank** (BUR ; hollywoodburbankairport.com ; 2627 N Hollywood Way, Burbank). Une arrivée pratique si vous allez à Hollywood, Downtown ou Pasadena.

Long Beach Airport

Au sud, à la frontière avec Orange County, le petit **aéroport de Long Beach** (www.lgb.org ; 4100 Donald Douglas Dr, Long Beach), desservi par Alaska Airlines, JetBlue et Southwest, est pratique pour les voyageurs rejoignant Disneyland.

Depuis la France et la Belgique

➡ Plusieurs compagnies assurent des vols directs entre Paris et Los Angeles toute l'année, notamment **Air France** (www.airfrance.fr), **Air Tahiti Nui** (www.airtahitinui.com), **American Airlines** (www.aa.com) et **Delta Airlines** (www.delta.com). Depuis la province et la Belgique, vous devrez transiter soit par Paris soit par une grande ville européenne ou américaine.

➡ Comptez un minimum de 500/700 € aller-retour en basse/haute saison et environ 11 heures 45 de vol (10h45 au retour).

➡ En été, la compagnie low-cost **XL Airways** (www.xl.com) propose trois vols directs Paris-Los Angeles par semaine à partir de 600 € A/R.

Depuis la Suisse

➡ **Swiss Air** (www.swiss.com) propose des vols directs Zurich-Los Angeles qui reviennent en moyenne à 900/1 200 CHF l'aller-retour en basse/haute saison.

➡ La compagnie américaine **United** (www.united.com) assure une connexion Zurich-Los Angeles directe.

Depuis le Canada

➡ **Air Canada** (www.aircanada.com) et **United** (www.united.com) assurent des vols directs entre Montréal et Los Angeles (6 heures de vol aller, 5 heures retour).

➡ Comptez environ 550/850 $CA aller-retour en basse/haute saison.

➡ Il peut être intéressant de voyager par la route jusqu'au premier aéroport américain, puis de prendre un vol intérieur.

Union Station

Amtrak (www.amtrak.com), la compagnie ferroviaire nationale, dessert **Union Station** (☎800-872-7245 ; www.amtrak.com ; 800 N Alameda St).

Greyhound Bus Terminal

Greyhound assure des liaisons par bus avec de nombreuses villes d'Amérique du Nord. La principale **gare routière** (☎213-629-8401 ; www.greyhound.com ; 1716 E 7th St) se trouve dans une zone industrielle de Downtown, peu sûre le soir.

Comment circuler

Transports en commun

Metro (☎323-466-3876 ; www.metro.net) gère la plupart des transports publics de la ville ; plans et horaires sont disponibles sur le site Web et l'appli Go Metro.

Pour utiliser le métro et les bus de Metro, achetez une carte TAP rechargeable, disponible aux distributeurs des stations de métro pour 1 $. Ajoutez ensuite le montant souhaité ou prenez un pass journée. Un trajet simple coûte 1,75 $, un pass à la journée avec trajets illimités 7 $. Ces deux options sont disponibles à bord des bus Metro (prévoyez l'appoint). Quand vous empruntez les transports, passez la carte TAP sur les bornes à l'entrée des stations de métro et à bord des bus.

La carte TAP est aussi valide dans les bus DASH et les bus municipaux. Pour la recharger, utilisez les bornes automatiques ou le site www.taptogo.net.

Métro

Le réseau ferré est constitué de deux lignes de métro et de quatre lignes de métro léger (essentiellement en surface), complétées par deux lignes de bus à haut niveau de service (Orange Line et Silver Line).

La plupart des lignes sont en service de 4h30 à 1h du dimanche au jeudi, et jusqu'à environ 2h30 le vendredi et le samedi. Il y a des métros toutes les 5 minutes aux heures de pointe, toutes les 10 à 20 minutes le reste du temps.

- **Red Line** La plus utile pour les visiteurs. Cette ligne souterraine relie Union Station (Downtown) à North Hollywood (San Fernando Valley) via le cœur d'Hollywood et Universal City.
- **Expo Line** Métro léger reliant Downtown à Exposition Park, Culver City et Santa Monica. Correspondance avec la Red Line à la station 7th St/Metro Center.
- **Gold Line** Métro léger partant d'East LA vers Little Tokyo/Arts District, Chinatown et Pasadena, via Union Station. Correspondance avec la Red Line, l'Expo Line, la Blue Line et la Purple Line à la station 7th St/Metro Center.

Bus Metro

Metro gère environ 200 lignes de bus dans toute la ville. Il y a trois types de bus :

- Les bus **Metro Local** (orange) marquent de nombreux arrêts le long des artères principales de la ville.
- Les bus **Metro Rapid** (rouges) s'arrêtent moins et sont dotés d'émetteurs faisant passer les feux au vert à leur approche.
- Les bus **Metro Express** (bleus) relient les banlieues résidentielles de LA à Downtown et aux autres bassins d'emploi, en empruntant essentiellement les autoroutes de la ville.

Bus municipaux

La carte TAP (voir p. 185) est acceptée dans les bus municipaux.

➡ Basé à Santa Monica, **Big Blue Bus** (☎310-451-5444 ; www.bigbluebus.com) dessert l'essentiel de l'ouest de LA, notamment Santa Monica, Venice, Westwood et LAX (1,25 $). Le bus rapide n° 10 relie Santa Monica à Downtown (2,50 $, 1 heure).

➡ Les lignes de **Culver City Bus** (www.culvercity.org/enjoy/culver-city-bus) parcourent Culver City et Westside. Le réseau dessert la station Aviation/LAX de la Green Line (1 $) du métro, d'où une navette gratuite rejoint LAX.

➡ **Long Beach Transit** (www.lbtransit.com) dessert Long Beach et les banlieues environnantes (1,25 $/trajet).

Bus DASH

Ces petits bus gérés par le **LA Department of Transportation** (www.ladottransit.com) roulent au gaz ou à l'électricité sur 33 lignes à travers toute la ville (50 ¢/trajet, 25 ¢ pour les seniors et les personnes handicapées). Ils ne circulent qu'entre 6h30 et 19h et il y en a peu le week-end. De nombreuses correspondances sont possibles entre les différentes lignes ; consultez le site Web pour en savoir plus.

➡ **Beachwood Canyon** (lundi-samedi). Pratique pour voir le panneau Hollywood de près ; remonte Beachwood Dr entre Hollywood Blvd et Vine St.

➡ **Downtown** (tous les jours). Les cinq lignes de Downtown permettent de voir tous les sites d'intérêt du quartier. La Route A relie Little Tokyo à City West, la Route B part de Chinatown vers le Financial District, la Route D se rend de Union Station à South Park, la Route E relie City West au Fashion District, et la Route F part du Financial District vers Exposition Park et USC. Les Routes A, B et D ne fonctionnent pas le week-end.

➡ **Fairfax** (lundi-samedi). Une boucle pratique desservant le centre commercial Beverly Center, le Pacific Design Center, l'ouest de Melrose Ave, le Farmers Market/Grove et le Museum Row.

➡ **Hollywood Route** (tous les jours). Fait une boucle dans Hollywood à l'est de Highland Ave ; correspondance avec la petite ligne de Los Feliz (tous les jours) à l'angle de Franklin Ave et Vermont Ave.

Voiture et moto

➡ À moins d'avoir tout le temps du monde (ou un budget très serré), vous aurez besoin d'une voiture à LA, même si cela implique d'affronter de gros embouteillages. Évitez les heures de pointe (7h-9h et 15h30-18h).

➡ Le parking est généralement gratuit dans les motels et les hôtels de catégorie inférieure, tandis que les établissements plus haut de gamme font payer ce privilège entre 8 et 45 $. La plupart des restaurants et hôtels de catégorie supérieure ont des voituriers ; un service facturé entre 3,50 et 10 $.

➡ Les grandes compagnies de location de voitures ont des agences à LAX et dans tout LA ; certaines louent des véhicules hybrides. Si vous n'avez pas réservé, utilisez les téléphones de courtoisie des halls d'arrivée à LAX. Agences et parkings sont en dehors de l'aéroport, mais les loueurs de voitures ont des navettes gratuites partant du niveau inférieur des terminaux.

Taxi

- Se déplacer en taxi coûte cher à LA, vaste et souvent embouteillée.
- Les tarifs affichés aux compteurs varient selon la compagnie. Les applications **Uber**, **UberX** et **Lyft** sont très appréciées à LA.
- La plupart des taxis affichent 2,85 $ la prise en charge, puis 2,70 $ par mile (environ 1,6 km). Depuis LAX, comptez un supplément de 4 $. Consultez www.taxicabsla.org pour en savoir plus.
- Des taxis arpentent les rues la nuit et stationnent en permanence aux aéroports, gares routières et ferroviaires et devant les grands hôtels – mais dans le doute, réservez :

Beverly Hills Cab (☎800-273-6611 ; www.beverlyhillscabco.com). Compagnie fiable, avec des tarifs intéressants pour l'aéroport et une vaste zone de couverture.

Checker (☎800-300-5007 ; ineedtaxi.com). Taxis vers l'aéroport et dans presque toute l'agglomération de LA.

Taxi! Taxi! (☎310-444-4444 ; www.santamonicataxi.com). On ne peut les prendre qu'à Santa Monica, mais ils vous conduiront n'importe où en ville.

Infos pratiques

Électricité

Type A
120 V/60 Hz

Type B
120 V/60 Hz

Formalités et visas

Selon votre pays d'origine, se rendre aux États-Unis peut devenir un cauchemar bureaucratique.

- Pour connaître les dernières dispositions, consultez le site du **Département d'État américain** (travel.state.gov/content/visas/en.html). Les Français peuvent aussi regarder le **site de l'ambassade américaine** (french.france.usembassy.gov) ou les pages consacrées aux formalités sur le site francophone de l'**office du tourisme américain** (www.office-tourisme-usa.com/etape-de-preparation/formalites-dentree-aux-etats-unis-passeport-esta-visa).

➡ Pour une visite de courte durée, les ressortissants du Canada (non inclus dans le VWP) peuvent généralement se passer de visa, mais doivent présenter leur passeport.

➡ Si vous emportez un ordinateur portable, une tablette ou un appareil photo numérique, assurez-vous que la batterie est chargée et que les officiers des douanes pourront en inspecter le contenu s'ils le souhaitent.

Visa Waiver Program

Un programme d'exemption de visa (Visa Waiver Program ou VWP) permet aux ressortissants de 38 pays dont la France, la Belgique, le Luxembourg et la Suisse, de séjourner aux États-Unis sans visa. La liste des pays est constamment réexaminée.

Il est nécessaire de se munir de :

➡ Un passeport sécurisé à lecture optique conforme aux normes actuellement en vigueur aux États-Unis et valide au moins 6 mois après la fin du séjour.

➡ Un billet aller-retour ou de continuation.

➡ Une somme d'argent suffisante pour couvrir votre séjour.

➡ Une preuve d'obligations dans votre pays garantissant votre retour (travail, domicile, famille...).

ESTA

➡ Les ressortissants des pays concernés par le VWP doivent remplir leur ESTA sur le site du **Département de la sécurité intérieure des États-Unis** (https://esta.cbp.dhs.gov/esta) jusqu'à 72 heures avant leur arrivée (mais faites-le le plus tôt possible). Les frais de dossier reviennent à 14 $; une fois acceptée, l'inscription est valable deux ans (à renouveler en cas de changement de situation) ou jusqu'à la date d'expiration du passeport.

➡ Les Canadiens n'ont aucune formalité spécifique à effectuer (pas d'ESTA requis) ; ils doivent juste se munir d'un passeport valide pour séjourner jusqu'à 6 mois aux États-Unis.

➡ Attention, les citoyens concernés par le VWP qui se sont rendus en Iran, Irak, Libye, Somalie, Soudan, Syrie, ou Yémen depuis le 1er mars 2011 devront dorénavant faire une demande de visa, de même que les personnes de nationalité iranienne, soudanaise, irakienne ou syrienne.

Visas requis

Vous devrez faire la demande d'un visa auprès d'une ambassade ou d'un consulat américains dans votre pays d'origine si :

➡ Vous n'êtes pas ressortissant d'un pays relevant du VWP.

➡ Vous souhaitez séjourner plus de 90 jours.

➡ Vous souhaitez travailler ou étudier aux États-Unis.

Handicapés

➡ Les compagnies de téléphone proposent un service de téléphonistes relais (composez le 711) pour les sourds et malentendants.

➡ De nombreux DAB sont dotés d'instructions en braille.

➡ **A Wheelchair Rider's Guide to the California Coast** (www.wheelingcalscoast.org) est un annuaire en ligne gratuit (téléchargeable en PDF) des accès pour fauteuils roulants aux plages, parcs et autres sites de LA et d'Orange County.

➡ **Los Angeles for Disabled Visitors** (www.discoverlosangeles.com) prodigue des conseils aux personnes à mobilité réduite concernant les visites, les spectacles, les musées et les transports.

➡ **Society for Accessible Travel & Hospitality** (TTY ; ☎ 212-447-7284 ; www.sath.org)

Heures d'ouverture

➡ Les horaires habituels sont les suivants : de 9h à 17h du lundi au vendredi. Les banques ouvrent généralement de 8h30 à 16h30 du lundi au jeudi, et jusqu'à 17h30 le vendredi, et quelquefois de 9h à 14h le samedi.

➡ Les magasins ouvrent de 10h à 19h du lundi au samedi, mais les centres commerciaux sont parfois ouverts plus tard, ainsi que de 11h à 18h le dimanche.

➡ Les bars ouvrent généralement en fin d'après-midi jusqu'à 2h.

➡ La plupart des restaurants servent le déjeuner de 11h à 15h, et le dîner de 17h30 à 22h.

Jours fériés

Les jours fériés ci-après, les banques, les écoles et les administrations (postes comprises) sont fermées ; les tranports, les musées et d'autres services passent aux horaires du dimanche. Les jours fériés tombant le week-end sont généralement observés le lundi suivant.

Nouvel An 1er janvier

Anniversaire de Martin Luther King Jr 3e lundi de janvier

Jour du Président (Presidents' Day) 3e lundi de février

Vendredi saint vendredi précédant Pâques (mars/avril)

Memorial Day dernier lundi de mai

Fête nationale (Independence Day) 4 juillet

Fête du Travail (Labor Day) 1er lundi de septembre

Jour de Christophe Colomb (Columbus Day) 2e lundi d'octobre

Jour des Vétérans (Veterans Day) 11 novembre

Thanksgiving 4e jeudi de novembre

Noël 25 décembre

Offices du tourisme

➡ **Los Angeles Visitor Information Center** (☎ 323-467-6412 ; www.discoverlosangeles.com ; angle Hollywood et Highland, 6801 Hollywood Blvd ; 🕒 8h-22h lun-sam, 9h-19h dim ; Ⓜ Red Line jusqu'à Hollywood/Highland). Office du tourisme principal de Los Angeles, situé à Hollywood. Plans, brochures, infos sur les hébergements, vente de billets pour les parcs à thème et autres attractions.

➡ **Beverly Hills Visitors Center** (☎ 310-248-1015 ; lovebeverlyhills.com ; 9400 S Santa Monica Blvd, Beverly Hills ; 🕒 9h-17h lun-ven, 10h-17h sam-dim ; wifi). Renseignements sur les visites, les activités, les restaurants et les hébergements à Beverly Hills.

➡ **Downtown LA Visitor Center** (www.discoverlosangeles.com ; Union Station, 800 N Alameda St ; 🕒 9h-17h ; Ⓜ Red/Purple/Gold Lines jusqu'à Union Station). Plan et informations touristiques dans le hall d'Union Station.

➡ **Visit Pasadena** (☎ 626-795-9311 ; www.visitpasadena.com ; 300 E Green St,

Pasadena ; 8h-17h lun-ven, 10h-16h sam). Informations touristiques centrées sur Pasadena.

- **Santa Monica Visitor Information Center** (800-544-5319 ; www.santamonica.com ; 2427 Main St). Principal centre d'informations touristiques de Santa Monica.

- **Visit West Hollywood** (www.visitwesthollywood.com ; Pacific Design Center Blue Bldg, 8687 Melrose Ave, Suite M60, West Hollywood ; 9h-17h lun-ven ;). Sites, hébergements et visites à West Hollywood.

Pourboire

Aux États-Unis, le pourboire (*gratuity* ou *tip*) est une obligation : il fait partie intégrante du salaire de l'employé. La seule marge de manœuvre pour marquer votre satisfaction ou votre désapprobation réside dans l'importance de la somme laissée.

- **Porteurs d'hôtels** 2 $ par baggage, ou au moins 5 $ par chariot.

- **Personnel de réception** Pas de pourboire requis pour un renseignement ; jusqu'à 20 $ pour une réservation à la dernière minute.

- **Personnel de ménage** 2 à 5 $ par jour.

- **Room service** 18-20 % de la note, sauf si le service est compris.

- **Serveurs** 15-20% de la note au restaurant, 1$ par verre pour les barmen.

- **Voituriers** Au moins 2 $ au moment où vous récupérez vos clés.

Renseignements

Quelques sites utiles :

- **Lonely Planet** (www.lonelyplanet.fr). Infos, forum des voyageurs...

- **Discover Los Angeles** (www.discoverlosangeles.com). Site Web de l'Official Convention and Visitors' Bureau.

- **LA Curbed** (www.la.curbed.com). Anecdotes, bon plans par quartiers.

- **Eater LA** (la.eater.com). Critiques de restaurants.

- **LA Times** (www.latimes.com). Excellent site d'infos locales.

- **Los Angeles Magazine** (www.lamag.com). Infos et articles sur les restaurants, l'art, la mode...

Sécurité

En dépit des dangers généralement associés à la ville (armes à feu, crimes, tremblements de terre), Los Angeles est une ville relativement sûre. C'est au volant que vous courrez le plus de risques (attacher sa ceinture est obligatoire) – sans parler des désagréments causés par les embouteillages.

Les séismes sont fréquents, mais la plupart ne sont pas ressentis. Si un séisme violent survient :

- À l'intérieur d'un édifice, réfugiez-vous sous une table ou un bureau solides et protégez votre tête et votre cou avec vos mains. Si vous êtes au lit, utilisez un oreiller pour vous protéger.

- Tenez-vous à distance des fenêtres, des miroirs et de tout objet susceptible de chuter.

- Ne prenez pas l'ascenseur et ne sortez pas dans la rue.

- Dans les centres commerciaux et les grands édifices publics, l'alarme et/ou les extincteurs automatiques peuvent se déclencher.

➡ Si vous êtes dehors, éloignez-vous des façades, des arbres et des lignes électriques.

➡ Si vous êtes au volant, garez-vous sur le bas-côté à bonne distance des ponts, passerelles et lignes électriques.

➡ Restez dans votre véhicule jusqu'à l'arrêt des secousses.

➡ Si vous marchez le long d'un trottoir, abritez-vous sous un porche des briques, morceaux de verre et débris tombant des immeubles.

➡ Préparez-vous aux répliques. Écoutez les bulletins d'information à la radio. N'utilisez votre téléphone qu'en cas d'urgence absolue.

Taxes et détaxe

➡ Dans les restaurants et boutiques, les prix affichés sont toujours hors taxe. Ajoutez la *sales tax* (sorte de TVA) avant d'arriver en caisse pour ne pas avoir de mauvaises surprises !

➡ Lors de nos recherches, la *sales tax* était de 9,50% à Los Angeles, 10% à Culver City et 10,25% à Santa Monica – le taux, composé d'une taxe d'État et d'une taxe locale, est révisable à tout moment. Quelques produits en sont exemptés, notamment les aliments non transformés et les médicaments.

➡ Les touristes étrangers ne peuvent bénéficier d'aucune détaxe aux États-Unis.

Téléphone

Les téléphones GSM multibande étrangers fonctionnent aux États-Unis. Utiliser une carte SIM rechargeable américaine reviendra moins cher que d'appeler avec votre opérateur ; vous en trouverez dans tous les magasins de téléphonie et d'électronique. Autre solution : utiliser une application de téléphonie utilisant le WiFi – WhatsApp, Skype, FaceTime... –, largement disponible dans les hôtels, les auberges de jeunesse et les motels de la ville, mais également dans nombre de restaurants et de bars.

Indicatifs téléphoniques

Tous les numéros états-uniens comportent un indicatif régional à 3 chiffres, suivi d'un numéro local à 7 chiffres. Composez toujours l'indicatif des États-Unis ☎1 + les 10 chiffres.

➡ Indicatifs pour : Anaheim ☎657, 714 ; Beverly Hills, Culver City, Malibu, Santa Monica, South Bay ☎310, 424 ; Burbank, San Fernando Valley ☎747, 818 ; Echo Park et Downtown ☎213 ; Hollywood, Los Feliz, Mid-City, Silver Lake ☎323 ; Pasadena et San Gabriel Valley ☎626

➡ Pour appeler les États-Unis depuis l'étranger, composez l'indicatif international ☎00, suivi de l'indicatif des États-Unis ☎1 (uniquement le 1 depuis le Canada).

➡ Pour appeler l'étranger depuis Los Angeles, composez le ☎011 + l'indicatif du pays (33 pour la France, 32 pour la Belgique, 41 pour la Suisse, 1 pour le Canada) + le numéro (sans le 0 initial).

Numéros utiles

Renseignements internationaux ☎0

Renseignements locaux ☎411

Police, pompiers, ambulances ☎911

Langue

En raison de leur histoire – colonisations et vagues d'immigration successives – et de la diversité de leur population, les Américains pratiquent, pour la plupart d'entre eux, plusieurs langues. L'anglais est parlé dans tout le pays, mais n'a pas été désigné comme langue officielle des États-Unis. Du fait de l'importance de la population hispanique, l'espagnol est la deuxième langue la plus parlée dans le pays.

D'après certaines enquêtes, plus d'un tiers des Californiens ne parlent pas anglais chez eux. Ainsi, dans des quartiers entiers de Los Angeles, on ne s'exprime qu'en espagnol, chinois, japonais, vietnamien, coréen ou cambodgien.

Expressions courantes

Bonjour/salut.
Hello/Hi. hè·lo/haï

Au revoir.
Goodbye. goud·*baï*

Excuse(z)-moi.
Excuse me. ek·*skyouz* mi

Désolé(e).
Sorry. *so*·ri

S'il vous (te) plaît.
Please. pliiz

Merci.
Thank you. *Sank* you

Oui./Non.
Yes./No. yès/neo

Parlez-vous français ?
Do you speak french? dou you spik *frènn*·ch

Je ne comprends pas.
I don't understand. aï *dont* eunn·deur·*stand*

Comment allez-vous/vas-tu ?
How are you? *hao* âr you

Bien. Et vous/toi ?
Fine. And you? faïnn annd *you*

Au restaurant

Je suis végétarien(ne).
I'm vegetarian. aïm vèdjè·*teu*·rieunn

Santé !
Cheers! tchiirz

C'était délicieux !
That was delicious! zat woz dè·*li*·chieus

L'addition s'il vous plaît.
The bill, please. zeu bil pliiz

Je voudrais ..., s'il vous plaît.
I'd like ..., please. aïd *laïk* ... pliiz

une table pour (deux)	*a table for (two)*	eu *téï*·beul for (tou)
ce plat	*that dish*	zat dich
la carte des vins	*the wine liste*	zeu *waïnn* list

Shopping

Je cherche...
I'm looking for ... aïm *lou*·kiinng for ...

Combien est-ce que ça coûte ?
How much is it? *hao* meutch is it

C'est trop cher.
That's too expensive. zats tou èx·pènn·siv

Pouvez-vous baisser le prix ?
Can you lower the price? kann you lao·wèr zeu *praïs*

Urgences

Au secours !
Help! hèlp

Appelez un médecin !
Call a doctor! kool eu *dok*·teur

Appelez la police !
Call the police! kool zeu po·*liis*

Je suis perdu(e).
I'm lost. aïm lost

Je suis malade.
I'm sick. aïm sik

Où sont les toilettes ?
Where's the bathroom? wèrz zeu *bass*·roum

Heure et chiffres

Quelle heure est-il ?
What time is it? wat *taïm* iz it

Il est (1/13) heure(s).
It's (one am/pm) o'clock.
its (wann èï·èm/pi·èm) ok·*lok*

matin	*morning*	*mor*·ninng
après-midi	*afternoon*	af·teu·*noun*
soir	*evening*	*iv*·ninng
hier	*yesterday*	*yès*·teu·dèï
aujourd'hui	*today*	tou·*dèï*
demain	*tomorrow*	tou·*mo*·ro
1	*one*	wann
2	*two*	tou
3	*three*	srii
4	*four*	foor
5	*five*	faïv
6	*six*	six
7	*seven*	*sè*·veunn
8	*eight*	eït
9	*nine*	naïnn
10	*ten*	tèn

Transports et orientation

Où est...?
Where's ...? wèrz ...

Quelle est l'adresse ?
What's the adress? wats zi a·*drès*

Pouvez-vous me montrer (sur la carte) ?
Can you show me (on the map)? kann you *choo* mi (onn zeu *map*)

Un billet pour ..., s'il vous plaît.
One ticket for ... please. wann *ti*·kèt too ... pliiz

À quelle heure part le bus/le train ?
What time does the bus/train leave? wat *taïmz* daz zeu beus/trëïn liiv

Je voudrais un taxi.
I'd like a taxi. aïd laïk eu *tak*·si

Ce taxi est-il libre ?
Is this taxi free? iz zis *tak*·si frii

Arrêtez-vous ici, s'il vous plaît.
Please stop here. pliiz stop hiir

Hébergement

Où puis-je trouver un hôtel ?
Where's a hotel? wèrz eu ho·*tèl*

Je voudrais réserver une chambre.
I'd like to book a room. aïd laïk tou bouk eu *roum*.

J'ai une réservation.
I have a reservation. aï hav eu rè·zèr·*véï*·cheunn

En coulisses

Vos réactions ?

Vos commentaires nous sont très précieux pour améliorer nos guides. Notre équipe lit vos lettres avec la plus grande attention et prend en compte vos remarques pour les prochaines mises à jour. Pour nous faire part de vos réactions, prendre connaissance de notre catalogue et vous abonner à notre newsletter, consultez notre site Internet : **www.lonelyplanet.fr**

Nous reprenons parfois des extraits de notre courrier pour les publier dans nos guides ou sites web. Si vous ne souhaitez pas que vos commentaires soient repris ou que votre nom apparaisse, merci de nous le préciser. Notre politique en matière de confidentialité est disponible sur notre site Internet.

À nos lecteurs

Un grand merci à ceux qui ont utilisé la précédente édition de ce guide et ont pris la peine de nous écrire : Alexandra Bernard, Olivier Duplessis, Marine Mottet, Sandrine Prieto, Sophie Rompteau.

Crédits photographiques

Carte du climat adaptée de Peel MC, Finlayson BL et McMahon TA (2007) 'Updated World Map of the Köppen-Geiger Climate Classification', Hydrology and Earth System Sciences, 11,1633–44.

Photographie de couverture : plage de Venice © Wendy Connett/Alamy
Photographie p. 4 : Coucher du soleil sur la plage de Venice © Giorgio Fochesato/Getty Images

À propos de cet ouvrage

Cette 3e édition du guide *Los Angeles en quelques jours* est une traduction-adaptation de la 5e édition de *Pocket Los Angeles*, publiée en anglais par Lonely Planet et rédigée par Andrew Bender et Cristian Bonetto. Les deux précédentes éditions ont été rédigées par Adam Skolnick.

Traduction Aurélie Belle, Antoine Thibault

Direction éditoriale Didier Férat

Coordination éditoriale Nicolas Benzoni

Responsable prépresse Jean-Noël Doan

Maquette Christian Deloye

Cartographie Cartes originales adaptées en français par Caroline Sahanouk

Couverture Adaptée en français par Laure Wilmot

Merci à Christiane Mouttet pour sa relecture attentive du texte et à Olympe Richez pour sa préparation du manuscrit. Merci également à Darren O' Connell, Andy Nielsen, Chris Love, Jacqui Saunders, Glenn van der Knijff et Claire Murphy du bureau australien, et à Clare Mercer, Joe Revill, Sarah Nicholson, Luan Angel et Becky Henderson du bureau de Londres.

Index

Voir aussi les index des rubriques :

Se restaurer p. 197

Prendre un verre p. 198

Sortir p. 198

Shopping p. 199

Référence de **site**
Référence de **carte**

Référence de **site**
Référence de **carte**

Se restaurer

Prendre un verre

Sortir

Shopping

Les auteurs

Andrew Bender

Originaire de la Nouvelle-Angleterre, Andrew a travaillé dans la finance à Tokyo et dans le cinéma à Los Angeles avant de réaliser son rêve : écrire sur ses voyages. Il a depuis contribué à plus d'une dizaine d'ouvrages pour Lonely Planet, dont les guides *Japon*, *Corée du Sud*, *Taïwan*, *Norvège*, *Amsterdam*, *Allemagne* et *Californie du Sud*, où il habite. Il écrit également pour le site Forbes.com, le *Los Angeles Times* ainsi que pour des magazines de compagnies aériennes. Retrouvez Andrew sur www.wheres-andy-now.com.

Cristian Bonetto

Ancien dramaturge et scénariste pour la télévision, Cristian a participé à l'écriture de plus de 30 guides à ce jour pour Lonely Planet, dont *New York*, *Italie*, *Venise*, *Naples et la Côte amalfitaine*, *Danemark*, *Copenhague*, *Suède* et *Singapour*. Ses articles sur les voyages, la gastronomie, la culture et le design apparaissent dans de nombreuses publications à travers le monde, dont *The Telegraph* (R.-U.) et *Corriere del Mezzogiorno* (Italie). Lorsqu'il n'est pas sur la route, Cristian sirote des expressos dans sa ville adorée, Melbourne. Retrouvez-le sur Instagram : rexcat75.

Los Angeles en quelques jours
3e édition
Traduit et adapté de l'ouvrage *Pocket Los Angeles, 5th edition, December 2017*

Dépôt légal Mars 2018
ISBN 978-2-81617-060-3
Imprimé par L.E.G.O. Spa (Legatoria Editoriale Giovanni Olivotto), Italie

En Voyage Éditions | un département place des éditeurs

THIS B ONGS TO

In Praise of

CHILDREN

JARROLD
PUBLISHING

Of all nature's gifts to the human race, what is sweeter to a man than his children?

Cicero

Monday's child is fair of face,
Tuesday's child is full of grace,
Wednesday's child is full of woe,
Thursday's child has far to go,
Friday's child is loving and giving,
Saturday's child works hard for a living,
And a child that's born on the Sabbath day
Is fair and wise and good and gay.

TRADITIONS OF DEVON
Anonymous

POPPIES
Fred Stead 1863–1940

BOYS NETTING CRABS
John Bulloch Souter 1890–1972

Parents were invented
to make children happy
by giving them
something to ignore.

Ogden Nash

No animal is so
inexhaustible as an
excited infant.

Amy Leslie

The birth of a baby
brings joy into the house.

Frank Richardson

I do not love him because he is good,
but because he is my little child.

Rabindranath Tagore

A babe is an angel whose wings
decrease as his legs increase.

Proverb

Bringing up baby
Requires lots of tact,
Up-to-date children
Don't care how they act.
But don't say she's naughty,
Or moody, or glum,
She's just independent,
The same as her Mum!

Margaret Bentley

IN DISGRACE
Charles Burton Barber
1845–1894

ROCKABYE BABY
Jane M. Dealey fl.1880–1930

He smiles and clasps his tiny hand,
With sunbeams o'er him gleaming,
A world of baby fairyland
He visits while he's dreaming.

Joseph Ashby-Sterry

It seems a shame that most parents weren't given their neighbour's children, because those are the only ones they know how to raise!

Sweet babe, in thy face
Soft desires I can trace,
Secret joys and secret smiles,
Little pretty infant wiles.

A CRADLE SONG
William Blake

MIDSUMMER EVENING
James Hayllar 1829–1920

A child is Nature's fresh picture newly drawn in oil…
His Soul is yet a white paper unscribbled with observations.

John Earle

HAPPY PLAYMATES
William Henry Gore 1880–1916

Children – they never put off till tomorrow what
will keep them from going to bed tonight.
Children think not of what is past, nor what is to come,
but enjoy the present time.

Jean de la Bruyère

A PORTRAIT OF A YOUNG BOY
Johan Vilhelm Gertner 1818–1871

She leaned across the cradle
With tears that fell like rain,
The Baby, waking, smiled at her,
And gladness banished pain.

Margaret Bentley

At every step the child should be allowed to meet the real experiences of life; the thorns should never be plucked from his roses.

Ellen Kay

Oh! how precious to me have been the prattlings of little children, and those subtle questions and those still subtler replies that I have heard coming from their spotless lips.

George Gilfillan

If children grew up
according to early indications,
we should have
nothing but geniuses.

Johann Wolfgang von Goethe

RING-A-RING O'ROSES
H. Rosell 19th century

THE LITTLE SHOPKEEPER
Edwin Thomas Roberts
1840–1917

Once the children were in the house
the air became more vivid and more heated;
every object in the house grew more alive.

Mary Gordon

Children are your heritage, like arrows in the hand of a mighty man. Happy is the man who has his quiver full of them.

ADAPTED FROM PSALM 127

Children are poor men's riches.

Thomas Fuller

A baby is a thing of beauty
and a joy for ever.

Mark Twain

When a baby first looks at you; when it gets excited at seeing a ray of light…when it laughs that deep unselfconscious gurgle…then you are – happy.

Marilyn French

Children have more need of models than of critics.

Joseph Joubert

Children need love,
especially when
they do not deserve it.

Harold S. Hulbert

Children…they bring their own
love with them when they come.

Jean Ingelow

THE QUARTET
Arthur Wardle 1864–1949

PROMENADE DES ENFANTS
Timoleon Marie Lobrichom 1831–1914

Babies should enjoy the freedom to vocalise, whether it be in church, a public meeting place... after hours when the lights are out. They have not yet learned that joy and laughter have to last a lifetime and must be conserved.

Erma Bombeck

Every baby born into the world is a finer one than the last.

NICHOLAS NICKLEBY
Charles Dickens

THE THREE ERRAZURIZ SISTERS
Joaquin Sorolla y Bastida 1863–1923

Of all the joys that lighten suffering on earth,
what joy is welcomed like a new-born child?

Caroline Norton

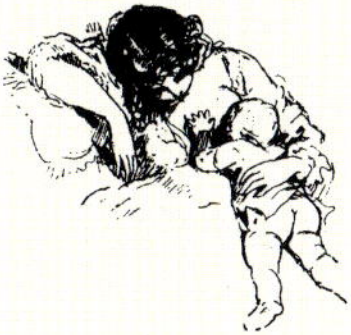

Babies are
bits of star-dust
blown from the
hand of God.

Larry Barretto

When the voices of children are heard on the green
And laughing is heard on the hill,
My heart is at rest within my breast
And everything else is still.

William Blake

A newborn baby … to its immediate family it is without question the most phenomenal, the most astonishing, the most absolutely unparalleled thing that has yet occurred in the entire history of the planet.

Irvin S. Cobb

The world has no such flower in any land,
And no such pearl in any gulf the sea,
As any babe on any mother's knee.

PELAGIUS
Algernon Swinburne

There's only one pretty child in the world,
and every mother has it.

PROVERB

A SWEET GIRL
Jean Arnould Heyermans
b. 1837

ALSO IN THIS SERIES

In Praise of Happiness
In Praise of Friends
In Praise of Mothers

ALSO AVAILABLE

Cats – In Words and Pictures
Dogs – In Words and Pictures
Golf – In Words and Pictures
Women – In Words and Pictures

First published in Great Britain in 1996 by
JARROLD PUBLISHING LTD
Whitefriars, Norwich NR3 1TR

Developed and produced by
FOUR SEASONS PUBLISHING LTD
1 Durrington Avenue, London SW20 8NT

Text research by *Pauline Barrett*
Designed in association with *The Bridgewater Book Company*
Edited by *David Notley* and *Peter Bridgewater*
Picture research by *Vanessa Fletcher*
Printed in Dubai

ISBN 0-7117-0866-5

ACKNOWLEDGEMENTS

Four Seasons Publishing Ltd would like to thank all those who kindly gave permission to reproduce the words and visual material in this book; copyright holders have been identified where possible and we apologise for any inadvertent omissions.

We would particularly like to thank the following for the use of pictures: *Bridgeman Art Library, e.t. archive, Fine Art Photographic Library.*

Front Cover: THE STRAW HAT, *Frans Wiesenthal* b. 1856
Title Page: KITTY'S BREAKFAST, *Emily Farmer* 1826–1905
Frontispiece: SATURDAY AFTERNOON, *Gunning King* 1859–1940
Back Cover: THE LITTLE SHOPKEEPER, *Edwin Thomas Roberts* 1840–1917